全国高等教育医药经管类规划教材

U0746599

会计学原理

主　编　吴　枚

副主编　黄　勇

编　者　（按姓氏笔画排序）

李树祥　吴　方　吴　枚

张素群　席晓宇　黄　勇

中国健康传媒集团

中国医药科技出版社

内 容 提 要

按照本科医药经管专业课程设置的要求，会计学（初级部分）应作为医药经管本科专业的专业基础课。本教材以会计信息为核心，以会计确认、会计计量、会计记录和会计报告为主线介绍会计等式、账户设置、复式记账、会计凭证、会计账簿、会计循环等会计的基本原理和基本方法等为主要内容，同时兼顾会计实务的基本技能，将培养学生的综合分析和运用会计信息的能力作为重点。

本书可作为医药经管专业和其他经管专业本、专科会计学（初级部分）学生教材，也可作为医药企业和其他企业管理人员学习会计相关知识的辅导用书。

图书在版编目（CIP）数据

会计学原理/吴枚主编 . —北京：中国医药科技出版社，2013.9

全国高等教育医药经管类规划教材

ISBN 978 – 7 – 5067 – 6291 – 5

Ⅰ. ①会… Ⅱ. ①吴… Ⅲ. ①会计学 – 高等学校 – 教材 Ⅳ. ①F230

中国版本图书馆 CIP 数据核字（2013）第 189873 号

美术编辑 陈君杞

版式设计 郭小平

出版 **中国健康传媒集团** | 中国医药科技出版社

地址 北京市海淀区文慧园北路甲 22 号

邮编 100082

电话 发行：010 – 62227427 邮购：010 – 62236938

网址 www.cmstp.com

规格 787 × 1092mm $^1/_{16}$

印张 11 $^1/_4$

字数 213 千字

版次 2013 年 9 月第 1 版

印次 2020 年 7 月第 2 次印刷

印刷 三河市国英印务有限公司

经销 全国各地新华书店

书号 ISBN 978 – 7 – 5067 – 6291 – 5

定价 **29.00 元**

获取新书信息、投稿、为图书纠错，请扫码联系我们。

前　言

　　会计学（初级部分）是医药经管类本科专业的核心课程。该课程主要阐述会计的基本理论、基本方法和基本技术等内容，是医药高等院校经管类本、专科专业课程的重要组成部分和学习后续课程的基础。

　　会计学课程应当以培养具有会计思维方式、能够运用会计信息解决企业实际管理问题的管理人才作为教学目标。基于此，在《会计学原理》教材编写时密切联系我国会计实际，以我国最新会计规范为基础，同时注重吸收国际会计惯例的精华——或以专门的章节、或案例导读、或穿插在相关内容之中加以介绍；本书以会计信息为核心，以会计确认、会计计量、会计记录和会计报告为主线阐述会计的基本原理和基本方法等内容，同时兼顾会计实务的基本技能训练，将培养学生的综合分析和运用会计信息的能力作为重点；在编写会计基础理论时注重知识之间、章节之间的层次和内在逻辑关系，深入浅出通过实例进行阐述；本书设有"案例导读"、"知识拓展"、"知识链接"等模块，在知识阐述之前通过"案例导读"引出章节中学生需要注意的内容，通过实际案例的形式引导学生对未知知识产生浓厚的兴趣，基于会计学原理和中级会计学课程之间有着诸多联系，对于不宜列入原理部分但又必须涉及的内容通过"知识拓展"、"知识链接"等方式加以介绍，这些模块的设置也是本书的特色之一；为使本书阐述的会计基础知识和财务会计报表等前后内容具有一致性和完整性，书中会计业务均以医药制造企业为例加以介绍；为提高学习效率，本书在每一章章前设有"教学目标"、"教学要求"，以使学生有的放矢，章后设有"本章小结"，对每一章的内容进行总结，"思考题"可使学生通过习题检测对知识的把握程度。本书可作为医药高等院校经管类专业和其他经管专业本、专科学生教材，也可作为医药企业和其他企业管理人员学习会计相关知识的辅导用书。

　　本书共分八章。由吴枚负责撰写大纲和对全书初稿进行设计、编写、修改和统稿。吴方、李树祥、黄勇、席晓宇、张素群等参与编写。书中图表由宁孜绘制。

　　本书在编撰的过程中得到了相关专家指导和帮助，在此真心表示感谢！由于作者的水平所限，书中难免会存在不足和疏漏，恳请读者批评指正。

编者

2013 年 2 月

目 录

第一章

总　论

【教学目标】通过本章教学使读者了解会计和环境的关系，进而了解会计发展的历史过程；熟悉会计的含义和会计目标的内容；掌握会计的内容即会计六大要素，它是后续章节学习的基础；掌握会计的职能；将会计的基本程序和方法贯穿于会计过程的始终。

【教学要求】了解会计发展与会计的历史；熟悉会计的含义；明确会计目标；掌握会计六大要素的内容、熟悉会计的职能；把握会计的基本方法和技术的概念。

会计的产生和发展是和经济发展密不可分的。会计是应人类生产实践和经济管理的客观需要而产生和发展的。会计学原理是财务会计学中的基础部分，本书以制造业（特别是医药制造业）为基础讲述相关知识。

本章主要讲述中外会计发展的历史、会计的定义、会计的目标、会计的内容、会计的职能以及会计的基本技术和方法等内容。

第一节　会计的产生和发展

一、会计产生的原因

会计是由于人类生产实践和经济管理的客观需要而产生和发展的。

仰赖于物资资料的生产，人类才得以生存和发展。在原始社会的初期，自然环境恶劣，人类为了生存同恶劣的自然环境进行着抗争，由于生产力低下，没有剩余产品，会计无从产生。

原始社会末期，随着人类认识和抵御自然的能力的提高，社会分工的出现，使得生产力水平有了提高，出现了剩余产品，进而面临着对劳动产品进行分配和交换等问题，因此出现了财产私有制。这些都为会计的产生提供了物资条件；此外在生产完成后和产品分配时，需要对劳动产品进行清点、计数和计量，进而逐步形成了数量观念和用原始方法反映数量关系，这又为会计的产生提供了技术条件和方法。

人类由不自觉的、朦胧的管理物质资料的生产和分配发展到有意识的、明确的、自觉的管理物质资料的生产和分配是在漫长的生产实践中逐步进行的。人类在生产活动中逐渐认识到在进行生产活动的同时有必要将生产活动过程的内容记录下来，以便进一步计算生产活动的数量方面。从经济的角度看，会计的产生基于两点：

第一，相同的产品其社会必要劳动耗费的标准只有一个。在生产过程中，尽管生产活动的主体规模不同，同一产品甚至耗费的生产要素也不尽相同，但是产品在出售的时候其标准只有一个即其价值量必须是一样的。所以有必要将生产过程的数量方面记录下来以便进一步核算。

第二，劳动消耗的有限性和物质需求的无限性。生产过程同时也是消耗的过程。生产过程要消耗人工，消耗原辅材料等等。将生产过程中的所得与消耗对比，就可以确定生产活动的主体有无经济效益以及经济效益的大小。所以登记生产账目，将生产过程的数量方面记录下来是十分有用和必要的。

由此可知，会计是伴随着人类的生产实践和经济管理的客观需要而产生和发展的，它是基于人们的物质利益的管理活动。会计为管理生产发挥着作用。会计原来从属于生产职能，随着生产的发展，逐渐从生产职能中分离出来，成为独立的由专人从事的职能。

二、中外会计的产生和发展

我国和世界其他国家一样，有着悠久的会计发展历史。下面分述之。

（一）我国会计的产生和发展

在我国，会计有着悠久的历史。在原始社会末期，随着人类认识和抵御自然的能力的增强，劳动生产力水平提高，社会分工逐渐专业化，使得劳动产品数量增加，有了剩余产品并产生了私有制，为会计的产生奠定了物质基础；同时在生产实践中涉及劳动产品的生产和分配等问题，需要对劳动产品进行清点、计数和记录，进而出现了最原始的结绳、刻契等计量、记录方法和手段，并逐渐产生了脱离物质资料生产，掌握计量、记录专长的专业技术人员。

夏朝作为我国第一个奴隶制国家，建立了作为国家的相应经济制度，设立了专门的官职管理贡品、田赋和其他收入，并对战争、生产和其他开支进行计数、计算和登记。夏朝应是我国官厅会计的起点。

商代能够运用文字和数字记录和计量田猎收获、贡品收纳等日常活动的情况，会计的反映职能此时已得到体现。

《周礼》一书以文字的形式记载了西周中央政权中负责财计管理工作的行政长官的设置和国家政权财计组织内部的相互考核、相互监管的考核制度——交互考核制度；同时反映一定时期经济情况的计算文书亦在书中出现；"会计"一词在书中亦被多次提到。上述文字记载说明西周作为已经建立了完善的国家行政管理机构的高度发达的奴隶制国家，在其行政机构中已设立了独立的职司国家财计的官职体系，负责考核和核算国家一切经济活动的收支，并使账实分工，从而相互制约；同时建立了完整的国家财政收支的体系。

春秋战国时期是我国历史上由奴隶社会向封建社会转变的时期，此间逐渐明晰了会计的含义并确立了"会计"名称。

建立了统一的封建集权制国家的秦朝，不仅统一了文字、货币、度量衡及财政赋税制度，还将国家财政和皇室财政分开，并将不同性质的财政各自独立，归口管理，这一创举具有历史意义。

西汉会计中的某些原始凭证出现了凭证编号，这是会计方法上的一大突破。

唐朝充分发挥了纸质凭证的作用，促进了会计的发展；并有了较明确的按财物自然属性分类的、但与现代总账和明细账不同的汇总核算和明细分类核算的账簿设置；单式记账法在此时得以完善，并以"入"、"出"作为记账符号，出现了由采用"入－出＝余"的"三柱结算法"向"旧管＋新收－开除＝实在"的"四柱结算法"过渡的情况；宰相李吉甫撰写了我国第一部会计专著——《元和国计簿》，随后韦处厚又撰写了《大和国计》，成为我国最早的会计著作之一。

宋代随着工商业和手工业的发展，世界上最早纸币——交子的出现，促进了商品流通、会计核算等的发展。此时出现了具有专用性质的经济凭证；将会计账簿称之为"账"，有了账之名称；单式记账法此时发展完善；在四柱结算法基础上出现的"四柱清账"成为宋代会计的重大发明。它规定了会计报表和账簿的基本结构，从而确定了报账、算账和记账的科学方法，创立了中式记账法的基本原理。元管、新收、开除、实在四柱间的平衡关系式：元管＋新收－开除＝实在，成为我国收付记账法的理论依据。

明朝会计账簿由"簿账"改称为"账簿"或"账"、"簿"，采用了统一的账簿格式；出现了由单式记账向复式记账过渡的"三脚账"。它既保留了单式记账的特点，又增加了复式记账的因素。

明末清初民间出现了以四柱为基础的"龙门账"，它是一种复式记账方法。它是将全部经济业务划分成四部分："进"、"缴"、"该"、"存"。"进"包括全部收入性质的业务，"缴"包括全部支出性质的业务，"该"包括所有者投资和对外债务，"存"包括全部资产和对外债务。并运用"进－缴＝存－该"的平衡关系式计算盈亏。分别编制"进缴结册"和"存该结册"，两个表册算得的余额数如果相等，则称为"合龙门"。龙门账同时采用进与缴、存与该两类的双轨计算制，将资金平衡试算和经营损益结算同时并重并将其结果进行比较，是中式簿记由单式记账向复式记账的转变。

随着经济的进一步发展，传统的四柱结账法在清代得以正式命名，称之为四柱结算法；清代的民间工商业者在三脚账和龙门账的基础上创设的四脚账，这种复式记账方法对于经济业务的收方（即来方）和付方（即去方）都要登记，遵循"有来必又去，来取必相等"的记账规则记账，以反映经济业务的来龙去脉。其账簿或报表是垂直书写的，直行分成上下两格，上格称"天"记收，下格称"地"记付。结账后，如果上下两格所记的数额是相等的，则称之为"天地合账"；不相等则说明账簿或报表记录有误。

鸦片战争以后，西方的复式记账方法开始传入我国。复式记账法的理论介绍者包括蔡锡勇，著有《连环账谱》；谢霖和孟森著有《银行簿记学》。这些著作为复式记账法在中国的应用奠定了理论基础。1908 年大清银行的创办为借贷记账法在中国的实际应用开辟了先河。

北洋政府时期，1914 年 10 月 2 日将"会计条例"改称为"会计法"，它成为我国颁布的第一部《会计法》。

新中国成立后至改革开放前，1951 年通过政务院颁布的新中国第一部全国统一的《预算决算暂行条例》规范会计工作；后又在 1952 年制定了《国营企业决算报告编送暂行办法》，在此基础上又于 1955 年制定了《国营企业决算报告编送办法》，对决算报告的相关内容做了详细规范。这两者使我国企业会计管理体制雏形初现。

1978 年改革开放后，我国的会计管理体制得到逐步发展。1985 年 1 月 21 日颁布了新中国第一部会计法律《中华人民共和国会计法》，同年 5 月 1 日实施。后经 1993 年和 1999 年两次修订，使我国的会计法律制度体系进一步完善。

1992 年为适应改革开放的需要，经国务院批准，财政部以部长令的形式颁布了《企业会计准则》，并于 1993 年 7 月 1 日正式实施。《企业会计准则》的颁布和实施标志着我国会计与西方会计逐渐接轨，使我国的会计模式由计划经济模式向市场经济模式过渡，这是我国会计理论和会计实践发展中的一个重要的里程碑。2006 年 2 月 15 日在原有《企业会计准则》基础之上修订并颁布了新的《企业会计准则》。并于 2007 年 1 月 1 日在上市公司实施，同时鼓励其他企业实施。新修订的《企业会计准则》逐步实现与国际会计准则的趋同。

2000 年 12 月，财政部颁布了《企业会计制度》，并与次年 1 月 1 日在股份有限公司实施。《企业会计制度》彻底打破了原有的行业限制，使得会计制度真正统一。我国目前存在《企业会计准则》和《企业会计制度》并存的状况。此状况还会持续一段时间。

（二）国外会计的产生和发展

国外会计的历史也很悠久。原始社会，文字和计数制度在这一时期有了一定的发展，为会计的发展准备了技术条件；原始社会末期，随着经济的发展、私有制的产生和国家的出现，为会计的产生和发展奠定了基础。

随着奴隶社会经济的发展和国家的建立，官厅会计得以萌芽和发展，出现了专司财计工作的专职会计人员；民间会计稍后于官厅会计出现，古罗马要求公民通过设置会计账簿反映自己的财产，同时在账簿记录中出现了复式记账的雏形。

封建社会随着经济的进一步发展，会计得到了相应的发展。从 13 世纪至 15 世纪地中海沿岸一些城市的商业、手工业的日益发展，经济的繁荣，金融业的发展，银行存贷款业务的需要，佛罗伦萨、热那亚及威尼斯等地的簿记迅速发展，出现了科学的复式记账。意大利人卢卡·巴基阿勒（Luca Pacioli）在前人长期实践的基础之上从理论上对复式记账法做了系统的阐述，并于 1494 年出版了《算术、几何、比及比例概要》一书。该书是最早论述 15 世纪复式记账法发展的总结性著作，为复式记账法在全世界的广泛传播和会计理论的发展奠定了基础。复式记账法的出现，使得以后的会计和统计相区别，并且带动了其他会计方法的发展，使得会计成为一门科学。从理论上对复式记账方法进行总结被看成是近代会计发展史上的第一个里程碑。

从 15 世纪至 20 世纪初期，特别是 18 世纪末到 19 世纪初随着工业革命的发展，适用于商业革命的意大利簿记已不能适应此时经济发展的需要了，以英国为代表的若干资本主义国家的生产力日益发展出现了新情况。新的经济组织——股份公司应运而生，因其所有权和经营权分离，因此企业会计要接受外界监督；随着经济危机在英国的第一次爆发，大批企业破产以及公司法的颁布，促进了以查账为职业的注册会计师的出现。为了规范民间审计和保证入会会计师的合格性，1854 年英国爱丁堡会计师协会成立，这被看成是近代会计发展史上的第二个里程碑；各国的公司法等法律的完善和颁布，也促使了会计和审计的变革和发展。工业的发展对会计核算有了新的要求，英国的成本会计应运而生，成本会计随后伴随着美国经济的发展得到了高速的发展；20 世纪 30 年代以后，为了规范会计工作，努力缩小会计实务的差异，有助于企业提供真实、公允的财务信息，西方各国制定了企业会计准则，这使得会计理论和会计实践上了一个新台阶。

20 世纪 50 年代以后，信息论、控制论、系统论、现代数学、行为科学等学科的发展并引入到会计领域，丰富了会计学的内容；股份公司的迅速发展使得在传统会计的基础之上形成了以对外提供信息为主，接受"公认会计原则"的约束会计——财务会计；基于激烈的市场竞争，要求企业建立科学的管理体制和方法，提高适应能力和预见能力，管理会计又逐渐从传统会计中分离出来，形成了与财务会计相对应的独立的领域。管理会计的出现是近代会计发展为现代会计的标志。

综上所述，会计是伴随着经济的发展而不断完善和发展的。经济愈发展，利用会计管理经济的作用愈显著。

第二节 会计的定义和会计的目标

一、会计的本质特征

会计的定义就是揭示会计的本质特征。

会计计量了经济活动过程中所占用的财产物资和发生的劳动耗费，它用货币数量来描述企业的经济活动过程，评价其在经济上的得失。数字原本是枯燥的，但会计将数字与文字相结合，在数字的基础之上用文字来说明，就将枯燥的数字富有了经济意义。因此会计是一种计量技术。

在商品经济的条件下，资本运动不同于一般的价值运动，资本投入的目的是为了获得资本增值。资本运动过程借助于货币作量的反映得到的信息就是货币信息，即财务信息，这些信息就是会计工作的结果。因此会计是一个信息系统。

会计运用货币计量、记录企业的财产物资的增减变化情况，并以其结果来评价企业的经营成果或业务执行结果。它通过这种会计手段落实经营管理责任，从而达到管理好生产，提高经济效益的目的。因此会计的本质是一种管理活动。

二、会计的定义

上面从不同角度揭示了会计的本质特征。会计是对一定单位的经济业务进行计量、记录、分析和检查，为企业和其外部提供财务信息的经济信息系统，并根据有关信息作出预测，参与决策，实行监督，旨在实现最佳经济效益的一种管理活动。

会计是一门实务性很强的学科，会计既指会计学，又指会计实践即会计工作。

三、会计的目标

《企业会计准则——基本准则》第一章总论第四条指出：财务会计报告的目标是向财务报告使用者提供与企业财务状况、经营成果和现金流量等有关的会计信息，反映企业管理层受托责任履行情况，有助于财务报告使用者做出经济决策。

财务会计报告的使用者要依据财务报告信息做出经济决策，所以为财务会计报告的使用者提供决策有用的信息是企业提供财务会计报告的目的。决策有用信息包括：经济资源及其变化信息、收益及其构成信息、现金流量信息等。

在公司制情况下，企业的产权和经营权相分离，企业的管理者负有保管、合理和有效使用企业资产，使企业资产保值增值的责任，同时投资者和债权人也需要及时了解这些情况并做出相应决策，所以财务会计报告应当反映企业资源使用情况和管理者的受托责任的履行情况，实现股东财富最大化，促使企业可持续投资。

第三节　会计的内容和会计的职能

一、会计的内容

对会计内容的认识是我们学习会计相关知识的起点。会计作为提供经济信息的系统，其内容如下。

（一）资产

拥有一定的人力资源和经济资源是企业进行生产经营活动的基础。除了人的因素以外，企业需要拥有劳动资料和生产资料。例如制药企业需要拥有符合 GMP 标准的厂房、制药设备、拥有某项专利的药品、生产药品需要原料、辅料、资金，等等。这些都是企业的资产。

企业提供资产方面的信息有助于企业及企业信息的使用者了解企业在某一时日资产的总量及各类资产的构成，为企业和企业信息的使用者科学决策提供依据。

（二）负债

企业生产经营活动所需的资产是有来源的。对于公司制企业其资产的来源包括股东投入形成、举债形成以及公司留利形成。

企业在一定时期内取得了收入和实现利润，按照规定要向税务机关缴纳各种税金。这些税金在没有缴纳之前则形成企业的负债。再如企业向银行借入三年期的借款，该款项亦属于企业的负债。

通过负债筹集资金是企业的必然选择。举债筹资为企业带来好处的同时，也存在着风险。企业提供负债方面的信息，可以使企业信息的使用者了解企业负债状况，为做出相应决策提供依据。

（三）所有者权益

所有者权益作为企业资金的另一主要来源，它是企业的资产扣除了负债以后由所有者享有的剩余权益，也就是企业所有者对企业净资产的要求权。

例如制药股份有限公司发行 10,000,000 股股票，票面价值 1 元，发行价 1.2 元，按照票面面值与总股数相乘计算得到的 10,000,000 元就是所有者投入的股本，超过面值的部分与总股数相乘计算的 2,000,000 元属于资本公积的范畴。

会计需要提供所有者权益方面的信息，它是企业自有资金的来源，同样也为企业信息的使用者提供决策有用信息。

负债和所有者权益构成资产的主要来源。

（四）收入

企业要进行生产经营活动要取得一定的收入，企业投入了也要获得一定的收入。

制造企业的收入有多种。例如某制药公司销售药品取得的收入就是该企业的主营业务收入，它应是企业收入的主要构成部分。企业对外进行股权投资所取得的收入形成投资收益。而企业转让其无形资产的使用权所取得的收入则属于该企业的其他业务收入等等。

制造企业销售产品、半成品和提供劳务作业所取得的收入应该是其经常发生并在收入中占有较大比重的收入，是制造业收入的主要来源；而转让无形资产的使用权等收入不是经常发生的，金额一般较小的收入，在收入中所占的比重较小。所以财务信息使用者也应该了解不同收入的占比情况，以便正确决策。

（五）费用

企业要生产需要发生资金耗费。企业在生产过程中要消耗原辅材料，还要支付生产工人的工资，厂房和机器设备要发生折旧，这些都构成了产品成本；此外企业为管理整个企业的生产要发生管理费用、为销售产品要发生销售费用、为筹集资金要发生财务费用等等，这些也构成了企业的费用。

企业发生的费用的是否得以正确确认关系到企业损益的计算是否正确。

（六）利润

利润是企业经过一定时期经营后得到的经营成果，它是判断企业盈利能力的一个重要指标。利润包括营业利润和非营业利润。其中最主要的是营业利润。营业利润是企业从其持续的，正常的业务经营中所获得的利润或发生的亏损。企业的净利润是营业利润加上非营业利润减去所得税费用得到的结果。企业取得利润按照规定进行利润分配之后仍有结余就是未分配利润。它是企业资产的一种来源。

综上所述，会计所提供的信息包括资产、负债、所有者权益、收入、费用和利润，它们合称为会计六大要素，是会计对象的具体化。

知识拓展

会计要素是财务会计理论的基石，是构建会计准则的核心。但不同准则的要素体系确立却不尽相同。中国企业会计准则、美国财务会计准则委员会（FASB）和国际会计准则委员会（IASB）的会计要素存在明显的差异。它们分别是：

中国企业会计准则	美国财务会计准则委员会	国际会计准则委员会
资产	资产	资产
负债	负债	负债
所有者权益	所有者权益	所有者权益
收入	业主投资	收益
费用	业主派得	费用
利润	收入	
	费用	
	利得	
	损失	
	综合收益	

摘编自：贝洪俊、白玉华、张洪君主编：《中级财务会计教程及案例》，浙江大学出版社2011年3月第一版。

二、会计的职能

会计的职能是会计作为管理经济的一种活动，客观上能够发挥的本质功能。

会计的职能如下。

（1）反映经济活动。会计最早就是从数量方面计算和记录经济活动的情况的，发展到今天，企业生产活动日趋复杂，经济活动愈加丰富，记录和反映经济活动已不能满足管理的需要，还要对有关信息进行分析研究，预测和规划未来。对经济活动进行记录是反映，分析经济活动也是反映。记录反映的往往是经济活动的表象，而分析则揭示的是经济活动的内在联系，是反映的深化。

（2）监督控制经济活动。会计作为一项程序性很强的工作，通过设置一系列专门的方法使之成为一个严密的经济信息系统，从而起到保护控制会计资料的真实性和正确性的目的；会计准则是进行会计工作的规范，通过制定一系列会计准则达到控制经济活动的合法性和合理性的目的；会计的监督职能不仅体现在经济业务发生的事中、事后，还体现在事前，它通过提供一系列信息来揭示实际和计划的偏差从而达到反馈控制的目的。

案例导读

巴林银行失控案

巴林银行是一个成立于 1763 年的老牌英国银行，总资产超过 94 亿美元，是英国金融市场体系的重要支柱。然而却在 1995 年 2 月毁于其新加坡分行一名年仅 28 岁的交易员尼克·里森之手。同年 3 月巴林银行集团被荷兰商业银行收购。

尼克·里森由于工作出色，被委与重任，同时负责新加坡分行的交易部和清算部的工作。当时他负责在日本大阪和新加坡的进行日经指数期货套利活动。他认为日经指数会上涨，不惜伪造文件筹集资金，通过私设账户大量买进日经指数期货头寸，从事自营投机活动。然而由于关西大地震使日经指数不涨反跌，致使里森持有的头寸损失严重。1995 年 1 月后，过于自负的里森又要大幅增仓，而巴林银行管理层得知后继续调拨 10 亿美元给新加坡分行，导致损失进一步加大。1995 年 2 月 23 日，新加坡分行持有的日经 225 股票指数期货合约超过 6 万张，占市场总仓量的约 30%，预计损失超过 10 亿美元，已完全超过巴林银行集团净资产约 5.41 亿美元。

巴林银行崩溃，究其原因是缺乏有效的内控制度。里森既负责交易又负责清算工作，没有将交易和清算分开，从而自己监督自己；会计控制松散，内部审计失效。该银行 1994 年最后一季度的审计结果指出：内控制度有可能被置之不理，且由此可能造成极大风险。但这一审计结果未被得到重视，更未加以改正；从事过度投机交易，缺乏风险防范意识；监管存在漏洞，过度投机不受限制。按苏格兰银行规定英国银行的海外资金不能超过其自有资本的 25%，但 1994 年第 4 季度巴林银行集团存入新加坡国际金融交易所的保证资金最大风险额超过其资本的 75%。

摘编自：MBA 智库文档

知识链接

头寸是指投资者拥有或借用资金的数量。它是一种市场约定，承诺买卖外汇合约的最初部位。买进外汇合约是多头，处于盼涨部位；卖出外汇合约为空头，处于盼跌部位。

（3）分析评价经营业绩。对于公司制企业来说，企业经营状况如何，是否达到经营目标是通过会计信息反映出来的。财务会计具有分析评价企业经营业绩的职能。

（4）参与经济决策。财务会计提供了企业进行经营决策的主要信息，它是企业进行经营决策的基础，也是投资者是否投资的信息来源。

（5）预测经济前景。企业不仅要立足于现在，还要面向未来，从长计议。财务信息使用者可以通过对过去和现在的会计信息的分析，预测企业的经营前景。

第四节　会计的基本程序、方法和技术

为实现会计目标，会计在提供信息时要遵循一定的程序和方法。

一、会计的基本程序和方法

会计的基本程序和方法是指会计进行数据处理、加工和提供财务会计报告的程序和方法。这里的数据就是经济信息。它包括对经济信息进行确认、计量、记录和报告为主的会计基本程序和相应的方法。

（一）会计确认

会计确认就是确认企业得到的数据（经济信息）是不是会计信息以及确认进入会计信息的时间。

首先确认数据（经济信息）是不是属于会计信息，是会计信息则予以保留并使其进入该程序的下一步，否则予以剔除；其次确认进入会计信息的时间。对于会计要素的确认，有两种不同的确认标准：收付实现制和权责发生制。按照收付实现制对会计要素的确认，特别是对收入和费用的确认是以现金的流入或流出作为确认标准；按照权责发生制对会计要素的确认，特别是对于收入和费用的确认是以权利或义务是否形成作为标准的。

（二）会计计量

会计计量贯穿于会计核算的整个过程。在现代社会，实物量已不足以反映商品经济的复杂性，会计计量要以价值量作为计量尺度，对会计要素按货币量度进行量化。该量化过程涉及计量属性的选择。

计量属性是指所予计量的某一要素的特性方面，会计计量属性是会计要素金额的确定基础。在资本运动过程中，会涉及会计要素的变化，其变化可以从不同的方面来计量。例如，某制药企业生产要购置设备，按照购置时的价值 500 万元进行计量，就是该设备的历史成本；在当前情况下，重新取得相同或相似的设备需要花费的金额就是重置成本；上述设备使用几年后准备出售，扣除发生的相关费用后，其能够收回的净额就是可变现净值；现值则是考虑了资金的时间价值，它是将未来的现金流量按一定的方法折合成当前的价值。又如该制药企业有一项投资，预计 5 年后可获得收益 1000 万元，按一定的方法折合成现在的价值就是现值；上述购置的设备在交易时，熟悉市场情况的双方自愿出价 300 万元，则该价值就是公允价值。

会计计量属性有多种，各有优缺点，企业在对会计要素进行计量时，要严格按照规定选择相应的属性。一般应当采用历史成本，采用重置成本、可变现净值、现值或公允价值计量时，应当保证所确定的会计要素金额能够取得并可靠计量。

（三）会计记录

会计记录是会计核算工作中的重要一环。它是对资本运动过程中经过确认的数据，以货币作为计量单位，采用文字和数字，运用预先设计的账户，按照复式记账原理，在账簿当中进行登记。会计记录是对经过确认的数据进行加工、分类和汇总，从而生成财务信息的过程。

（四）会计报告

会计报告过程是将上述会计记录得到的信息经过进一步的加工和提炼使其形成相互联系的财务会计指标体系，并将这些信息传递到信息使用者的手中的过程。

会计报告是企业对外提供的反映企业某一特定日期财务状况和某一会计期间的经营成果、现金流量等的会计信息文件。它包括财务会计报表及其附注和其他应当在财务会计报告中披露的相关信息和资料。财务会计报表至少应当包括资产负债表、利润表、现金流量表等报表。

二、会计技术

会计技术是会计在运用基本程序和方法时所采用的技术手段。从古至今会计采用的技术手段包括手写簿记和电子计算机数据处理系统。

（一）手写簿记

会计经过漫长的发展，在科学分工的基础之上从填制凭证到登记账簿，形成财务会计报表，无不凝聚着手工劳动的成果。现今手写簿记已形成了一个严密的计算、记录和报告体系。

（二）电子计算机

随着科学的发展，电子计算机在会计上得到了的应用，使得会计数据处理的能力大大提高，会计信息处理变得更加准确、高效。

本章小结

本章的核心内容是会计六大要素。会计六大要素是会计对象的具体化，是会计确认和计量的依据，也是财务报表的结构和内容的基础。它是后续学习的基础。

本章介绍了中外会计的发展，反映了会计和社会经济环境之间的关系；会计的定义。

财务会计报告的目标是向财务会计报告使用者提供与企业财务状况、经营成果和现金流量等有关的会计信息。

会计的职能有五项，前两项是基本职能；会计的基本程序和方法包括会计确认、计量、记录和报告。它贯穿于会计过程的始终。

思考题

1. 六大会计要素包括的内容是什么?
2. 会计有哪些计量属性?
3. 会计的职能有哪些? 什么是其基本职能?
4. 会计的目标是什么?
5. 会计的基本程序和方法包括的内容。

本章参考文献

[1] 王建忠. 会计发展史 [M] . 辽宁: 东北财经大学出版社, 2003: 127, 137 – 139, 164 – 168, 171, 204 – 206.

[2] 吴水澎. 会计学原理 [M] . 辽宁: 辽宁人民出版社, 2008: 15 – 21.

第二章

账户和复式记账

【教学目标】通过本章学习掌握反映会计六大要素关系的等式；掌握由账户性质决定的账户的结构；掌握我国采用的记账规则——借贷记账法；知晓总分类核算和明细分类核算的内容。会计恒等式、账户和借贷复式记账法是会计学原理最基础的内容，也是后续学习的基础。

【教学要求】通过教学重点掌握会计要素之间的关系、重点掌握账户的结构及其运用、重点掌握借贷复式记账规则及其应用、知晓总分类核算和明细分类核算。

本章主要介绍反映会计六大要素基本关系的会计平衡等式、账户的设置及其应用、借贷复式记账方法、总分类核算和明细分类核算等内容。

第一节　会计等式

在介绍会计等式之前，先介绍会计主体的概念。

一、会计主体

会计工作需要在特定的空间范围内进行，也就是要在某个单独进行生产经营活动或者业务活动，在经济上是独立的或者是相对独立的企业、事业、机关、团体等单位进行。我们将这个特定的空间范围称之为会计主体。

会计主体可以是以盈利为目的的各种性质的企业，例如公司、工厂等；也可以是非盈利的组织，如学校、医院等。本书涉及的会计主体主要是盈利性的企业。

开展会计工作的前提是要将会计主体划分清楚。会计所反映的是特定会计主体的经济业务，而不是其他会计主体的经济业务。例如我们要反映的是甲企业的经济业务，不能将乙企业的经济业务与之混淆。此外企业的财务还要跟所有者个人的财务区别开来，例如某企业的财务要与该企业所有者个人的财务相区别，不能混为一谈，只有这样才便于正确核算。

二、会计等式

案例导读

出版大亨的债务危机

出生于澳大利亚，后加入美国籍的默多克控制着世界上最大的新闻出版集团。他的总部设在澳大利亚，企业则遍及全球。

默多克从其父亲手中继承了新闻出版业，后经过默多克的经营，最终建成了一个年收入达到 60 亿美元的报业王国。默多克控制着全世界 100 多个新闻事业，澳大利亚的 70% 的新闻业、英国 45% 的报业、美国相当一部分电视网络均在其统治之下。

与西方商业大亨一样，默多克也向资金市场融资，举债经营。他的债务像雪球一样越滚越大，事业也越滚越大。默多克报业的债务遍及美国、英国、瑞士、荷兰、印度、香港等国及地区，债务高达 24 亿美元。那些大大小小的银行都乐于贷款给他，他的债主共有 146 家。默多克的债务大，债主多，可能牵一发而动全身，投资风险特高。若是遇到一个财务管理上的失误或是一种始料未及的灾难，都可能像多米诺骨牌一样给报业王国带来毁灭性的打击。1990 年，西方经济出现了衰退的苗头，默多克报业也像中了邪一样，区区 1000 万元债务险些让年收入 60 亿美元的报业王国在阴沟里翻船。曾经巴结默多克的美国匹兹堡的一家小银行，贷款给他 1000 万美元。默多克本以为这笔短期贷款到期可以还息延期，哪知该银行不知从哪听说默多克支付能力不佳，通知默多克贷款到期必须收回，而且必须全额支付现金。

筹集 1000 万美元的现款对默多克轻而易举。他在澳洲资金市场有短期融资的特权。他派代表去融资，大出其以外，特权被冻结，理由是日本大银行将投入澳洲的资金抽回，头寸紧了。默多克又亲自带着财务顾问飞回美国筹款，也被婉言拒绝。

如果这笔贷款还不了，那么再具支付能力的企业也不敌债权人的联手要钱。默多克整理思路，再找贷款给他最多的花旗银行。两者同乘一船，花旗银行权衡利弊，同意对默多克报业进行财务调查，对其资产负债情况进行全面评估，取得结论后再采取对策。花旗银行的调查班子夜以继日地对默多克的 100 多家企业进行评估，最后的结论是支持默多克。然而默多克报业支付能力不足的弱点也暴露出来，幸亏花旗银行牵头 146 家银行保证不退出贷款团才使默多克有时间调整和改善其支付能力，使其摆脱财务困境。

举债经营是用别人的钱为自己赚钱，但弄不好也为自己带来灾难。默多克努力开拓，事业过硬，也是他躲过债务危机的原因。

摘编自：财税服务网

资产、负债、所有者权益、收入、费用和利润作为会计六大要素，它们之间是否有关系，有何关系，下面分述之。

（一）资产、负债、所有者权益之间的数量关系

制造企业要进行生产经营活动首先要筹集一定的财产、物资。一方面从投资者的角度来看，投资者也就是财产、物资的所有者以现款或者实物的方式投入到生产经营活动满足生产经营的需要，但这种财产、物资的投入不是无偿的，投资者保留要求企业在一定的时日、一定的条件下归还本金的权利，同时还要视投资风险的大小等比例的获得投资所得。另一方面从被投资者角度来看，被投资者也就是企业筹集到了财产、物资后，这些资金、厂房、设备、原辅材料等则以企业的名义持有。企业持有这些财产、物资是要进行生产经营活动。企业的投资者对企业持有上述资产以及用这些资产通过生产经营所获得的利润具有要求权（或称之为主张权或索取权），会计上称之为权益。权益表明企业的各种资产其所有权以及运用这些资产所滋生的利润是有归属的，应该归属于企业的投资者。因为有多少资产就拥有多少权益，权益的大小是以资产的金额计量的，任何时候它们在总额上是相等的。即：

$$资产 = 权益$$

显然，权益是以对资产的所有权为基础的，如果对资产没有了所有权，权益就不可能存在。例如：某一投资者投入企业100万元，那么100万元以及用100万元所滋生的利润，该投资者对它有要求权；如果投资者将投资额增加到500万元，那么500万元以及用500万元所滋生的利润，该投资者对它有要求权；如果投资者抽回了全部投资，那么该投资者对企业的资产就没有了要求权。

上述投资者、被投资者及物资的关系如图2-1所示。

图2-1 投资者、被投资者及物资的关系

上面的会计等式之所以成立并保持平衡是因为资产与权益反映的是同一个经济资源的两个方面。一方面这些财产、物资的提供者即权益的所有者对其提供的资产可以提出一系列要求的权益；另一方面是归会计主体即被投资者所持有的或能够支配的各项资产。权益表明了资产的来源，全部资产就必须与全部权益在金额上相等，它们的这种依存关系决定了资产总额和权益总额必须相等。

进一步分析资产＝权益这一等式。等式的左边即资产。从前面我们知道企业筹集了财产、物资以后投入到生产经营活动，就形成了以企业名义持有的各种资产，包括现金、银行存款、原材料、库存商品、固定资产、无形资产、长期股权投资等等。就一个企业来说，它拥有一定的资产是要通过生产经营活动，获得一定的增值。等式的右边即权益。权益的持有者在提供企业长期使用的财产、物资的时候要与企业达成本金和子金的不同协议。权益的持有者有两种。一种权益的持有者要求企业通过法律形式承诺定期偿还本金，定期按双方同意的利率支付子金。例如企业向银

行借入款项；另外企业在经营过程中也会发生拖欠企业单位的款项。例如企业因购买原材料拖欠的货款。这种权益从权益的持有者角度来说是债权，从企业的角度来说是负债；另一种权益的持有者愿意将其财产、物资长期供企业使用，既不规定归偿日期，也不规定定期偿付予金。这种权益的持有者对企业经营获利所抱的希望很大，愿意通过长期经营获得更大的所得，则称这种权益的持有者为企业的所有者。企业的所有者在企业创办时投入资本，在经营过程中还可能追加资本，还可能将经营获利留在企业，这些都可以增加企业的资本。企业的所有者权益是企业的资产总额扣除负债后剩下的部分，因此是剩余财产或净资产上的权益。

通过上面分析可知权益由两部分构成：一是负债，另一是所有者权益，故：

$$权益 = 负债 + 所有者权益$$

企业的所有者可以是国家、法人或自然人等。

上面的资产＝权益的等式可以扩展为：

$$资产 = 负债 + 所有者权益$$

其中：所有者权益＝资产－负债

$$= 净资产$$

由上面的等式可知，一个企业有多少资产就一定有它相应的来源，反之有多少来源就必然表现为有多少资产；债权人对企业资产的要求权总是优先于投资者。当企业的资产扣除了负债以后剩下的部分才归所有者所有，所以所有者权益是一种留剩的权益或者是余剩的权益。

资产、负债、所有者权益是用来说明企业在某个时点上财务状况的三个会计要素。上面的等式说明了资产、负债、所有者权益三者之间的关系，也是设置账户、复式记账和编制财务会计报告的依据。

举例说明上述会计要素之间的关系。

某制药企业接受国家投入的资金 10,000,000 元存入银行，准备用于购买生产设备；又从银行借入短期借款 1,000,000 元，用于购买原辅材料。

制药企业接受投资者投入的资本使得该企业的资产（银行存款）增加，同时也使得所有者权益（实收资本）增加；该企业从银行借入短期借款使得企业的负债（短期借款）增加，同时使得其资产（银行存款）也增加。它们之间的关系可以用表 2－1 表示。

表 2－1

资产	负债和所有者权益
银行存款　1,000,000	短期借款　1,000,000
银行存款 10,000,000	实收资本 10,000,000
合　计 11,000,000	合　计 11,000,000

上述例中的资产（1,000,000 + 10,000,000）＝负债（1,000,000）＋所有者权益（10,000,000）。

而所有者权益 = 资产（11,000,000）－负债（1,000,000）

$$= 净资产（10,000,000）$$

（二）收入、费用、利润之间的数量关系

企业的生产活动是持续进行的。在生产过程中企业不断的取得收入，而为了取得收入又要不断的发生费用。收入是企业在生产过程中销售产品或提供劳务等所形成的现金流入；费用是企业为取得收入而发生的资金耗费。结合前面的会计等式看，收入的取得会导致资产增加，同时也导致所有者权益增加；费用的发生会导致资产的减少，也会导致所有者权益的减少。现将一定期间的收入和费用单独列出进行比较，就可以确定企业在该期间实现的经营成果。如果收入大于费用，则意味着企业有利润；收入小于费用则意味着企业发生了亏损。企业的收入、费用、利润三者的关系是：

$$利润（或亏损） = 收入 － 费用$$

延续上面的例子，假设该制药企业经过一年的经营后取得收入 4,000,000 元，为取得该收入发生的材料费用、人工费用等共计 2,400,000 元，则该企业该年的利润为 1,600,000 元。它们的数量关系是：

$$利润（1,600,000） = 收入（4,000,000） － 费用（2,400,000）$$

（三）六大会计要素之间的数量关系

资产、负债、所有者权益、收入、费用和利润构成六大会计要素。会计要素是财务会计报表通常所含有的大类项目，是构成财务会计报表的最根本的组件，也是会计对象的具体化。

资产、负债、所有者权益它们之间的数量关系是企业在某一时点上（可以看成是期初）达到的一种平衡，企业经过一段时期的经营，取得了收入，为此发生了费用，从而获得了利润。收入的取得会使得企业资产增加，费用的发生使得企业资产减少，而获得利润则会使得企业所有者权益增加。即：

资产 + （收入 － 费用）= 负债 + 所有者权益 + 利润（分配前的）

上述关系式表明，到该期期末资产、负债、所有者权益之间又达到了一种新的平衡。即：

资产´= 负债´+ 所有者权益´

仍沿用上面制药企业例子。企业在原有的基础上经过一年的经营后，取得了收入，发生了费用，从而获得了利润。它们之家的关系如表 2－2 所示。

表 2－2

资产		负债和所有者权益	
银行存款	（11,000,000	短期借款	1,000,000
	+4,000,000	所有者权益	10,000,000
	－2,400,000）	利润	1,600,000
合计	12,600,000	合计	12,600,000

上例验证了企业在经过一定时期的生产经营后，又达到了新的平衡。

上述的两个会计平衡等式是账户设置、复式记账和编制报表等内容的基础。

三、经济业务

在企业的生产经营过程中，能够引起会计要素增减变化的事项，在会计中称为经济业务或会计事项。经济业务分为外部经济业务和内部经济业务。例如本企业向其他企业购买原材料，即为外部经济业务；本企业生产车间从原材料仓库领用原材料，则为内部经济业务。

虽然经济业务各种各样，但是对于一个会计主体来说，任何经济业务的发生都不会破坏会计平衡等式。

第二节　账户及其设置

一、账户

会计所涉及到的经济业务是纷繁复杂的，为了满足会计主体提供财务信息和编制财务会计报告的要求，还要在会计六大要素的基础之上，对其进行更具体的分类——即设置账户反映。

（一）账户的意义

为了对纷繁的经济业务进行分类记录和反映，必须设置账户，在账户中反映。

账户是对会计要素的具体内容所作的分类。利用账户有利于分类的、连续的记录和反映各项经济业务以及由此而引起的会计要素具体内容的增减变动及其结果。利用账户这种进行会计信息处理的基本手段或方法，对经过确认的经济信息进行分类记录，就可以转换成会计的初始信息。

（二）账户的作用

1. 通过账户将经济信息转换成会计信息。企业在生产经营活动中会获得许多经济信息，既包括会计信息还包括非会计信息。经济信息经过会计确认筛选并通过账户分类记录就转换成会计的初始信息，它是最终形成财务会计报告信息的基础。

2. 通过账户可以分类、汇总、加工、整理和存储会计信息，它是处理会计信息的基本手段或方法。通过账户可以将大量的经过确认的会计信息进行分类加工整理，使得原始会计信息井井有条，便于为后续利用——形成财务会计报告提供依据。

二、账户的基本结构

账户作为处理会计信息的基本手段或方法，在设置时除了应依据会计主体的不同形式、保证账户内容的清晰、满足财务会计报告的要求外，还要考虑满足账户的分类、加工、整理、存储等要求，因此账户需要一定的结构。为满足会计核算的要求，账户的结构应该包括账户的名称、账户编号、账户增减变动的金额、日期及简要说明等内容。

账户是对会计要素具体内容进行分类的手段或方法，会计要素中的每一具体内容都要具备一个名称，该名称就是账户的名称。账户的名称规定了账户所要记录、反映的经济业务的内容。

经济业务的发生会引起资产、负债、所有者权益等账户的变动。账户的设置要能反映资产、负债、所有者权益等账户的具体内容的变动方向、变动金额和变动结果。资产、负债、所有者权益等账户的变动无非两种情况或是增加或是减少。所以有必要将账户分成两方，分别登记资产、负债、所有者权益等账户的增加或减少的金额，账户增减变动的结果即余额亦可在其中一方反映。

通常是将账户分成左右两方，并将账户的左方称之为"借方"，账户的右方称之为"贷方"，因而形成了"T"型或者"丁"字型的账户结构，这是账户的基本结构。账户的基本结构如表 2-3 所示。

表 2-3

借方（Dr）	账户名称	贷方（Cr）

"借"和"贷"这两个字是借贷记账法所用的记账符号，有关借贷记账法的内容将在下面章节中介绍。

账户分成了借贷两方，一方登记账户增加的金额，另一方登记该账户减少的金额。那么究竟哪一方登记增加的金额，哪一方登记减少的金额，要视账户的性质决定。

下面分别介绍资产、负债、所有者权益、收入、费用、利润账户的结构。

（一）资产、负债、所有者权益账户的结构

反映各项资产的账户称为资产（类）账户；反映各项负债的账户称为负债（类）账户；反映各项所有者权益的账户称为所有者权益（类）账户。

从资产=负债+所有者权益的会计等式看：资产账户和负债账户、所有者权益账户的性质是不同的，所以他们登记的增加数方向或减少数方向亦不同。

1. 资产账户的结构

由于账户式资产负债表的左方通常反映的是资产项目，右方反映负债和所有者权益的项目，所以习惯上在资产账户增加时记在借方，减少时记在贷方。通常情况资产账户的期初余额和期末余额亦在借方。资产账户的结构表 2-4

所示。

表 2-4

资产账户

借方	账户名称	贷方
期初余额 本期增加数		本期减少数
本期发生额 期末余额		本期发生额

资产账户中的本期增加数，本期减少数及期末余额之间的数量关系为：

期初余额（借方）＋本期借方发生额－本期贷方发生额＝期末余额（借方）

2. 负债账户和所有者权益类账户的结构

由前面可知资产账户和负债账户、所有者权益类账户的性质不同，所以负债账户和所有者权益类账户增加时记在贷方，减少时记在借方。通常情况这两类账户的期初余额和期末余额记在贷方。负债和所有者权益账户的结构如表 2-5 所示。

表 2-5

负债和所有者权益账户

借方	账户名称	贷方
本期减少数		期初余额 本期增加数
本期发生额		本期发生额 期末余额

负债和所有者权益账户中的本期增加数，本期减少数及余额之间的数量关系为：

期初余额（贷方）＋本期贷方发生额－本期借方发生额＝期末余额（贷方）

（二）收入、费用、利润账户的结构

企业在生产经营过程中为获得利润，要不断地取得收入，为取得收入又要不断的发生各种成本费用。合理的比较一定期间的收入和费用便可以确定企业在该会计期间实现的经营成果。从前面我们可以知道，企业的收入、费用和利润三者之间的关系是利润（或亏损）＝收入－费用。

为了清楚地反映会计主体在一定期间的收入和费用的情况，需要分别设置收入和费用账户。为了记录和反映会计主体利润的实现情况，还需要设置利润账户。

反映各项收入的账户称为收入（类）账户；反映各项费用的账户称为费用（类）账户；反映各项利润的账户称为利润（类）账户。会计主体的利润在没有分配之前，可以看做是其所有者权益的增加，所以利润账户是所有者权益账户的一部分，但它又是从所有者权益账户中分离出来的独立的账户。

1. 收入账户的结构

企业收入的增加会使得所有者权益增加，所以收入账户的性质和所有者权益账户的性质相同，即收入增加时记在贷方，收入减少时记在借方。到期末收入账户本

期增加数减去本期减少数的差，要从收入账户转到利润账户之中，以便结算本期利润。所以收入账户经过结转后，期末一般无余额。收入账户的结构如表 2 - 6 所示。

表 2 - 6

收入账户

借方	账户名称	贷方
本期减少数 或转销数	本期增加数	
本期发生额	本期发生额	

2. 费用账户的结构

从利润（或亏损）＝收入－费用的平衡等式可知，收入和费用是一对矛盾，所以费用账户的性质和收入账户的性质应该不同。因此费用增加时记在借方，费用减少时记在贷方。到期末费用账户本期增加数减去费用账户本期减少数的差，要从费用账户转到利润账户之中，以便结算本期利润。所以费用账户经过结转后，期末一般无余额。费用账户的结构如表 2 - 7 所示。

图 2 - 7

费用账户

借方	账户名称	贷方
本期增加数	本期减少数 或转销数	
本期发生额	本期发生额	

3. 利润账户的结构

利润账户是由收入账户和费用账户结转而来的。利润是会计主体经过一定时期的经营之后的经营成果。利润增加会使得所有者权益增加，所以利润账户的性质和所有者权益账户的性质相同。利润是所有者权益的一个部分，利润账户是从所有者权益账户中分离出来的，但又是一个独立的账户。利润账户的结构如表 2 - 8 所示。

表 2 - 8

利润账户

借方	账户名称	贷方
本期减少数	期初余额 本期增加数	
本期发生额	本期发生额 期末余额	

从上可以看出，利润账户的结构与所有者权益账户的结构相同。

上面介绍了资产、负债、所有者权益、收入、费用和利润账户的结构。账户是对会计要素按具体内容进行分类的单元。设置账户的前提是要明确会计要素，以便对各会计要素的具体内容分门别类地进行记录和反映。

任何账户都要设置借方和贷方。哪一方登记增加，哪一方登记减少，余额在哪方，要视账户的性质决定。现将上述账户的增加、减少及余额所在归纳如下，见表2-9所示。

表2-9

账户类别	借方	贷方	余额
资产账户	增加	减少	借方余额
负债、所有者权益及利润账户	减少	增加	贷方余额
收入账户	减少	增加	结转后无余额
费用账户	增加	减少	结转后无余额

上面的收入和费用账户如有余额在没有结转到利润账户之前应分别为贷方余额和借方余额，结转后期末无余额。

（三）账户的格式

上面在介绍账户的结构时，用"T"字型的账户来说明的，它是账户的最基本的形式，但在实际当中这种结构不便使用。在实际中一般多使用三栏式的账户形式。三栏式的账户如表2-10所示。

表2-10

账户名称：银行存款   第　页

20××年 月	20××年 日	凭证号数		借方金额	贷方金额	借/贷	余额
1	1		期末余额			借	234,600
	5	略	投资者投入资本	1,000,000		借	1,234,600
	10		支付设备款		100,000	借	1,134,600

三、会计科目

任何会计主体在记账之前，都需要根据自己的业务特点和规模，并按会计要素的具体内容，确定需要设置的账户及其名称。账户的名称，一般称之为会计科目。

为了便于会计工作的进行，尤其是会计电算化的需要，可以为每一个会计科目编制一个固定的号码，称为会计科目编号或者账户编号。例如："库存现金"账户的编号为1001，"短期借款"账户的编号为2001，"实收资本"账户的编号为4001等等。在各账户编号之间应留有适当空号，以便适应账户的变化。

会计科目表如表2-11所示。

顺序号	编号	科目名称	顺序号	编号	科目名称
		一、资产类	88	2231	应付股利
1	1001	库存现金	89	2232	应付利息
2	1002	银行存款	90	2241	其他应付款
5	1015	其他货币资金	100	2601	长期借款
9	1101	交易性金融资产	101	2602	应付债券
11	1121	应收票据	106	2801	长期应付款
12	1122	应收账款	108	2811	专项应付款
13	1123	预付账款			三、共同类
14	1131	应收股利	112	3101	衍生工具
15	1132	应收利息	113	3201	套期工具
21	1231	其他应收款			四、所有者权益
22	1241	坏账准备	115	4001	实收资本
28	1401	材料采购	116	4002	资本公积
29	1402	在途材料	117	4101	盈余公积
30	1403	原材料	119	4103	本年利润
31	1404	材料成本差异	120	4104	利润分配
32	1406	库存商品	121	4201	库存股
42	1461	存货跌价准备			五、成本类
48	1524	长期股权投资	122	5001	生产成本
49	1525	长期股权投资减值准备	123	5101	制造费用
51	1531	长期应收款	124	5201	劳务成本
54	1601	固定资产	125	5301	研发支出
55	1602	累计折旧			六、损益类
56	1603	固定资产减值准备	129	6001	主营业务收入
57	1604	在建工程	135	6051	其他业务收入
59	1606	固定资产清理	136	6061	汇兑损益
67	1701	无形资产	137	6101	公允价值变动损益
69	1703	无形资产减值准备	138	6111	投资收益
70	1711	商誉	142	6301	营业外收入
71	1801	长期待摊费用	143	6401	主营业务成本
73	1901	待处理财产损益	144	6402	其他业务成本
		二、负债	145	6405	营业税金及附加
74	2001	短期借款	155	6601	销售费用
81	2101	交易性金融负债	156	6602	管理费用
83	2201	应付票据	157	6603	财务费用
84	2202	应付账款	159	6701	资产减值准备
85	2205	预收账款	160	6711	营业外支出
86	2211	应付职工薪酬	161	6801	所得税费用
87	2221	应交税费	162	6901	以前年度损益调整

第二章

账户和复式记账

会计电算化是以电子计算机为主的当代电子技术和信息技术应用到会计实务的简称，是一个应用电子计算机实现的会计信息系统。它实现了数据处理的自动化，使传统的手工会计信息系统发展演变为电算化会计信息系统。会计电算化是会计发展史上的一次重要革命，它不仅是会计发展的需要，也是经济和科技对会计工作提出的要求。

第三节 复式记账

设置账户仅仅是对会计要素作了进一步的分类，而经济业务发生所引起的会计要素增减变化产生的会计信息如何科学地在账户当中登记，要涉及到记账方法的问题。

一、复式记账法

会计方法是与长期的经济发展相伴随而产生的，是与当时的经济发展情况相适应的。经济发展相对缓慢时，会计方法亦相对简单。

（一）单式记账法

在生产力低下，经济发展缓慢的情况下，记账方法也相对简单。

单式记账法是指对发生的每一笔经济业务只在一个账户当中登记一笔。通常只登记现金和银行存款的收付业务以及应收应付款的结算业务。而对实物收付业务则一般不作登记。例如某制药企业购买原材料，用商业汇票支付 100,000 元。按照单式记账法只登记应付票据增加 100,000 元，不登记原材料增加 100,000 元；再如该制药企业购买制药设备花费 2,000,000 元，银行存款支付。按照单式记账法该制药企业只登记银行存款减少 2,000,000 元，不登记固定资产增加 2,000,000 元。

采用单式记账法记账手续比较简便，但是不能全面系统反映会计要素有关具体项目的增减变动情况，没有反映对应账户，也不便于检查账户记录是否正确，一旦企业经营业务扩大，业务之间容易混淆，将会影响会计核算的正确性。

（二）复式记账法

随着经济的发展，经济业务变得纷繁复杂，因此记账方法也随之变化。

经济业务的发生会使得会计要素的有关内容发生增减变动。有些经济业务的发生使得涉及的会计要素的具体内容同时增加、有些使得其同时减少或者有些使得其有增有减。为了全面反映各会计要素有关具体内容的增减变动情况和增减变动结果，对于发生的任何一笔经济业务要用相等的金额，在两个或两个以上的账户中作相互联系的登记。这种记账方法称为复式记账法。

在复式记账法中，采用"借"、"贷"二字作为记账符号的记账方法就是借贷记账法。除此之外，复式记账法还有增减记账法和收付记账法两种形式。我国 2006 年颁布的《企业会计准则》总则第十一条规定我国采用借贷记账法记账。

下面举例说明如何采用复式记账法在账户中进行登记。

【业务 1】某制药企业收到投资者追加投入的资本现金 1,000,000 元。

按照复式记账法在账户中进行登记，至少要涉及两个账户。该经济业务发生使得资产账户"银行存款"增加，同时使得所有者权益账户"实收资本"增加。按照复式记账法的记账规则，资产增加记借方，所有者权益增加记贷方，即资产中的银行存款增加记在"银行存款"账户的借方，所有者权益中的实收资本增加记在"实收资本"账户的贷方。该经济业务在账户登记如表 2 - 12 所示。

表 2 - 12

借	银行存款	贷		借	实收资本	贷
期初余额					期初余额	
(1) 1,000,000					(1) 1,000,000	
期末余额					期末余额	

从表 2 - 12 可以看出，该经济业务的发生使得企业的所有者权益（实收资本）增加 1,000,000 元，即该项资金来源于所有者的投入；同时又使得企业的资产（银行存款）增加 1,000,000 元，即将投入的该项资金存入银行，表明了所有者投入资金的去向，并且双方采用了相同的金额在这两个账户中进行登记。由此可见用复式记账法在账户中进行登记能够清楚地反映会计要素的来龙去脉。

【业务 2】某制药企业购买机器设备，价值 3,000,000 元，款未付。

该项经济业务发生同样至少涉及两个账户并用相等的金额登记。购买机器设备款项未付，使得负债账户"应付账款"增加 3,000,000 元，同时又使得资产账户"固定资产"增加 3,000,000 元。购买机器设备的款项未付使得企业的负债（应付账款）增加，负债增加源于购买机器设备；同时企业负债（应付账款）增加用于购买机器设备，使得企业的资产（固定资产）增加，反映了负债的去向，这两个账户之间的联系一目了然。

按照复式记账法的记账规则，资产账户"固定资产"增加记借方，负债账户"应付账款"增加记贷方。该业务在账户中登记如表 2 - 13 所示。

表 2 - 13

借	固定资产	贷		借	应付账款	贷
期初余额					期初余额	
(2) 3,000,000					(2) 3,000,000	
期末余额					期末余额	

【业务 3】上述制药企业用银行存款归还所欠机器设备款。

该项经济业务发生同时至少涉及两个账户并用相等的金额登记。该业务发生使得资产账户"银行存款"减少3,000,000元，同时使得负债账户"应付账款"亦减少3,000,000元。企业负债（应付账款）减少来源于用企业的资产（银行存款）支付，企业资产（银行存款）的减少是用于归还其负债（应付账款）了，反映了资产的去向。

按照复式记账法的记账规则，资产账户"银行存款"减少记贷方，负债账户"应付账款"账户减少记借方。该业务在账户中登记如表2-14所示。

表2-14

借	应付账款	贷		借	银行存款	贷
(3) 3,000,000	期初余额			期初余额		(3) 3,000,000
	期末余额			期末余额		

由此可见，采用复式记账法记账可将经济业务的来龙去脉通过账户反映出来，即通过账户能够全面、系统地反映个会计要素的具体内容的增减变动的情况及增减变动的结果。会计反映经济业务的职能也可得到印证。

二、借贷记账法

借贷复试记账法简称借贷记账法是世界各国通用的记账方法。我国2006年颁布的《企业会计准则——基本准则》第十一条规定企业采用借贷记账法记账。

借贷记账法是复式记账法的一种形式。它是指按照复式记账的原理，以资产与权益的平衡关系式作为基础，以"借"、"贷"二字作为记账符号，以"有借必有贷，借贷必相等"作为记账规则的记账方法。

"借"和"贷"是借贷记账法的专用符号。借（英文Debit，缩写为Dr.），贷（英文Credit，缩写为Cr.）已成为国际通用的商业语言。"借""贷"二字随着经济的发展已经成为单纯的记账符号，没有任何意义。"借""贷"作为记账符号表示账户中会计要素增减变化的两个部位；经济业务发生引起的会计要素的增减变化通过账户中的借方和贷方就可以知晓其变化的来龙去脉；同时还可以通过账户增加数和减少数的登记方向和余额方向判别账户的性质。一般资产类账户和费用类账户增加时记在借方，余额方向在借方；而负债、所有者权益、利润及收入类账户增加时记在贷方，余额方向在贷方。

借贷记账法遵循"有借必有贷，借贷必相等"的记账规则。经济业务发生运用借贷记账法记账，一笔完整的记录要求同时涉及两个（或两个以上）账户。一个账户（或多个账户）记借方，另一个账户（或多个账户）记贷方。无论借贷哪一方涉及几个账户，最后借方账户金额合计数和贷方账户金额合计数是相等的。

下面举例说明借贷记账法。

【业务4】某制药企业建造厂房，价值40,000,000元。一半款用银行存款支付，另一半款未付。

该项经济业务发生，使得资产账户"固定资产"增加 40,000,000 元，同时使得资产账户"银行存款"减少 20,000,000 元、负债账户"应付账款"账户增加 20,000,000 元。该业务按照借贷记账法在账户中登记如表 2 – 15 所示。

表 2 – 15

借	固定资产	贷
期初余额		
(4) 40,000,000		
期末余额		

借	应付账款	贷	借	银行存款	贷
	期初余额			期初余额	
	(4) 20,000,000				(4) 20,000,000
	期末余额			期末余额	

该项经济业务发生同时涉及三个账户，其借方金额和贷方金额之和应该相等。"固定资产"账户增加 40,000,000 元，记借方；同时"银行存款"账户减少 20,000,000 元，记贷方，"应付账款"账户增加 20,000,000 元，记贷方。按照借贷记账法的记账规则，该例涉及账户的借方金额 40,000,000 元（固定资产 40,000,000 元）与贷方金额 40,000,000 元（银行存款 20,000,000 元和应付账款 20,000,000 元之和）应该是相等。

【业务 5】该制药企业向银行借入短期借款 100,000 元，发生手续费 200 元，直接从借款中扣除。

该项业务发生使得资产账户"银行存款"增加 99,800 元，费用账户"财务费用"增加 200 元；同时使得负债账户"短期借款"增加 1,000,000 元。该业务按照借贷记账法在账户中登记如表 2 – 16 所示。

表 2 – 16

借	银行存款	贷	借	财务费用	贷
期初余额			(5) 200		
(5) 99,800					
期末余额					

借	短期借款	贷
	期初余额	
	(5) 1,000,000	
	期末余额	

该项业务发生同时涉及三个账户，其借方金额之和和贷方金额应该相等。"银行存款"账户增加 99,800 元，记借方，"财务费用"账户增加 200 元，记借方；同时"短期借款"账户增加 100,000 元，记贷方。按照借贷记账法的记账规则，该项业务

涉及的借方金额合计数 100,000 元（银行存款 99,800 元和财务费用 200 元之和）和贷方金额数 100,000 元（短期借款 100,000 元）是相等的。

【业务 6】该制药企业销售甲药品价款 560,000 元，增值税额 95,200 元。购买方用转账支票支付 500,000 元，余款未付。

该项业务发生使得资产账户"银行存款"增加 500,000 元，资产账户"应收账款"增加 155,200 元；同时使得收入账户"主营业务收入"增加 560,000 元，负债账户"应交税费"增加 95,200 元。该业务按照借贷记账法在账户中登记如表 2-17 所示。

表 2-17

借	银行存款	贷		借	应收账款	贷
期初余额				期初余额		
（6）500,000				（6）155,200		
期末余额				期末余额		

借	主营业务收入	贷		借	应交税费	贷
	（6）560,000				期初余额	
					（6）95,200	
					期末余额	

该项经济业务发生同时涉及四个账户，其借方金额之和和贷方金额之和应该相等。"银行存款"账户增加 500,000 元，记借方，"应收账款"账户增加 155,200 元，记借方；同时"主营业务收入"账户增加 560,000 元，记贷方，"应交税费"账户增加 95,200 元，记贷方。按照借贷记账法的记账规则，该项业务涉及的账户的借方金额合计数 655,200 元（银行存款 500,000 元和应收账款 155,200 元之和）和贷方金额的合计数 655,200 元（主营业务收入 560,000 元和应交税费 95,200 元之和）是相等的。

从上面【业务 1】至【业务 6】的例子可以看出，利用借贷记账法在账户中登记经济业务，有关账户之间就形成了一种相互对照的关系。或者是一借一贷相互对照，或者是一（或几）借与几（或一）贷相互对照，账户的这种对照关系称为账户的对应关系。这样的账户称为对应账户。如【业务 1】中的"银行存款"账户和"实收资本"账户，它们是一借一贷，是一种对照关系，这两个账户互为对应账户。再如【业务 6】中的"银行存款"账户、"应收账款"账户、"主营业务收入"账户和"应交税费"账户是多借多贷相互对照的关系，借方账户"银行存款"、"应收账款"和贷方账户"主营业务收入"和"应交税费"互为对应账户。

上面账户的对应关系可以清楚地反映各会计要素具体内容增减变动的来龙去脉，而通过账户的对应关系，可以知道每一笔经济业务的内容。如【业务 4】"固定资产"账户和"银行存款"、"应付账款"账户是对应账户。通过其对应关系可以知道该制药企业的固定资产增加 40,000,000 元，同时使得银行存款减少 20,000,000 元、应付账款增加 20,000,000 元，也就是该制药企业建造固定资产，一半款项用银行存款支付，另一半款项未付。由此可知通过这三个账户之间的对应关系可以清楚地了解发生的经济业务的内容。

三、会计分录

上面通过例子说明借贷记账法应用时，是将发生的每一笔经济业务直接登记在所要登记的账户之中。但是在实际当中，为了保证账户记录的正确性，在将经济业务记入账户之前，应先根据原始凭证编制会计分录，然后再根据载有会计分录的记账凭证在账户中进行登记。

会计分录是对每一笔经济业务列示其应借记和应贷记的账户名称及其金额的一种记录。编制会计分录必须根据经济业务的内容确定应借和应贷的账户名称及其金额。会计分录是账户记录的依据，会计分录的正确与否直接关系到账户记录的正确性，乃至影响到财务会计报告信息的质量。

根据上面【业务1】至【业务6】所涉及的经济业务编制会计分录。

根据【业务1】编制会计分录：

  借：银行存款　　1,000,000
    贷：实收资本　　　　1,000,000

根据【业务2】编制会计分录：

  借：固定资产　　3,000,000
    贷：应付账款　　　　3,000,000

根据【业务3】编制会计分录：

  借：应付账款　　3,000,000
    贷：银行存款　　　　3,000,000

根据【业务4】编制会计分录：

  借：固定资产　　40,000,000
    贷：银行存款　　　　20,000,000
      应付账款　　　　20,000,000

根据【业务5】编制会计分录：

  借：银行存款　　99,800
    财务费用　　　　200
    贷：短期借款　　　　100,000

根据【业务6】编制会计分录：

 借：银行存款　　500,000
  应收账款　　155,200
   贷：主营业务收入　　560,000
     应交税费　　　　95,200

在编制会计分录时应注意其书写格式。完整的会计分录应具备借方和贷方的记账符号、账户名称及账户金额，并要附有简要的说明。

根据【业务1】至【业务6】发生的经济业务编制的会计分录有的形成了一借一贷的对应关系，例如【业务1】至【业务3】即是；有的形成了一（或几）借几（或一）贷的对应关系，例如【业务4】至【业务6】即是。前者称为简单分录，后者称为复合分录。

由此可知，借贷记账法能够将某一会计主体所有的经济业务相互联系的、全面的计入有关账户之中，使得各账户能够完整系统地反映各会计要素的具体内容的增减变动情况和增减变动的结果。因为任何一笔会计分录都要按照"有借必有贷、借贷必相等"的规则进行编制。所以，所有账户借方发生额的合计数和所有账户贷方发生额的合计数必然相等。这样可以根据该平衡关系检查账户记录是否正确。

下面通过实例进一步说明借贷记账法以及根据平衡关系检查账户记录的正确性。

某制药制造企业某年10月发生如下经济业务。要求按照借贷记账规则记账并过入相应账户。

【业务1】10月3日，收到投资者投入的资本现金2,000,000元，存入银行。

该项业务发生后使得资产账户中的"银行存款"增加，同时使得所有者权益账户中的"实收资本"增加。资产账户增加记借方，所有者权益账户增加记贷方。据此作会计分录如下：

借：银行存款　　2,000,000
　　贷：实收资本　　　　　2,000,000

并登记到相应账户，如表2-18所示。

表2-18

借	银行存款	贷	借	实收资本	贷
(1) 2,000,000				(1) 2,000,000	

【业务2】10月5日，向银行借入短期借款100,000元，存入银行。

该项业务发生后使得资产账户中的"银行存款"增加，同时使得负债账户中的"短期借款"增加。资产账户增加记借方，负债账户增加记贷方。据此作会计分录如下：

借：银行存款　　100,000
　　贷：短期借款　　　　100,000

并登记到相应账户，如表2-19所示。

表 2 - 19

借	银行存款	贷		借	短期借款	贷
(1) 2,000,000						(2) 100,000
(2) 100,000						

【业务3】10月6日，用银行存款购买生产设备价值1,800,000元。

该项业务发生使得资产账户中的"固定资产"增加，同时使得资产账户中的"银行存款"减少。资产账户增加记借方，资产账户减少记贷方。据此作会计分录如下：

借：固定资产　　　1,800,000
　　贷：银行存款　　　　　1,800,000

并登记到相应账户，如表2-20所示。

表 2 - 20

借	固定资产	贷		借	银行存款	贷
(3) 1,800,000				(1) 2,000,000		(3) 1,800,000
				(2) 100,000		

【业务4】10月7日，购进原材料200,000元，款项未付。

该项业务发生后使得资产账户中的"材料采购"增加，同时使得负债账户中的"应付账款"增加。资产账户增加记借方，负债账户增加记贷方。据此作会计分录如下：

借：材料采购　　　200,000
　　贷：应付账款　　　　200,000

并登记到相应账户，如表2-21所示。

表 2 - 21

借	材料采购	贷		借	应付账款	贷
(4) 200,000						(4) 200,000

【业务5】10月8日，发生上述原材料的采购费用1,000元。银行存款支付。

该项业务发生后使得资产账户中的"材料采购"增加，同时使得资产账户中的"银行存款"减少。资产账户增加记借方，资产账户减少记贷方。据此作会计分录如下：

借：材料采购　　　1,000
　　贷：银行存款　　　　1,000

并登记到相应账户，如表2-22所示。

表 2 – 22

借	材料采购	贷		借	银行存款	贷
(4) 200,000				(1) 2,000,000	(3) 1,800,000	
(5) 1,000				(2) 100,000	(5) 1,000	

【业务6】10月8日，结转材料采购成本。

该项业务发生后使得资产账户中的"原材料"增加，同时使得资产账户中的"材料采购"减少。资产账户增加记借方，资产账户减少记贷方。据此作会计分录如下：

借：原材料 201,000
　　贷：材料采购 201,000

并登记到相应账户，如表2 – 23所示。

表 2 – 23

借	原材料	贷		借	材料采购	贷
(6) 201,000				(4) 200,000	(6) 200,000	
				(5) 1,000	(6) 1,000	

【业务7】10月9日，销售药品价款396,000元，收到转账支票。

该项业务发生后使得资产账户中的"银行存款"增加，同时使得收入账户中的"主营业务收入"增加。资产账户增加记借方，收入账户增加记贷方。据此作会计分录如下：

借：银行存款 396,000
　　贷：主营业务收入 396,000

并登记到相应账户，如表2 – 24所示。

表 2 – 24

借	银行存款	贷		借	主营业务收入	贷
(1) 2,000,000	(3) 1,800,000				(7) 396,000	
(2) 100,000	(5) 1,000					
(7) 396,000						

【业务8】10月12日，用银行存款支付本月销售部门的房屋租金6,000元。

该项业务发生后使得资产账户中的"银行存款"减少，同时使得费用账户中的"销售费用"增加。资产账户减少记贷方，费用账户增加记借方。据此作会计分录如下：

借：销售费用 6,000
　　贷：银行存款 6,000

并登记到相应账户，如表 2 - 25 所示。

表 2 - 25

借	销售费用	贷
(8) 6,000		

借		银行存款		贷
(1)	2,000,000	(3)	1,800,000	
(2)	100,000	(5)	1,000	
(7)	396,000	(8)	6,000	

【业务 9】10 月 15 日，开出转账支票支付 10 月 7 日所欠采购材料的款项。

该项业务发生后使得资产账户中的"银行存款"减少，同时负债账户中的"应付账款"减少。资产减少记贷方，负债减少记借方。据此作会计分录如下：

借：应付账款　　200,000

　　贷：银行存款　　　200,000

并登记到相应账户，如表 2 - 26 所示。

表 2 - 26

借	银行存款		贷	
(1) 2,000,000		(3)	1,800,000	
(2) 100,000		(5)	1,000	
(7) 396,000		(8)	6,000	
		(9)	200,000	

借	应付账款		贷
(9) 200,000		(4)	200,000

【业务 10】10 月 16 日，行政部门用转账支票支付购买办公用品的款项 880 元。

该项业务发生后使得费用账户中的"管理费用"增加，同时资产账户中的"银行存款"减少。费用增加记借方，资产减少记贷方。据此作会计分录如下：

借：管理费用　　880

　　贷：银行存款　　880

并登记到相应账户，如表 2 - 27 所示。

表 2 - 27

借	管理费用	贷
(10) 880		

借		银行存款		贷
(1)	2,000,000	(3)	1,800,000	
(2)	100,000	(5)	1,000	
(7)	396,000	(8)	6,000	
		(9)	200,000	
		(10)	880	

【业务 11】10 月 18 日，出租厂房获得租金收入 180,000 元，款项尚未收讫。

该项业务发生后使得资产账户中的"应收账款"增加，同时使得收入账户中的"其他业务收入"增加。资产增加记借方，收入增加记贷方。据此作会计分录如下：

借：应收账款　　　180,000
　　贷：其他业务收入　180,000

并登记到相应账户，如表 2－28 所示。

表 2－28

借	应收账款	贷	借	其他业务收入	贷
（11）	180,000			（11）	180,000

【业务 12】10 月 19 日，从银行提取现金 256,000 元，准备发放职工工资。

该业务发生后使得资产账户中的"银行存款"减少，同时使得资产账户中的"库存现金"增加。资产增加记借方，资产减少记贷方。据此作会计分录如下：

借：库存现金　　256,000
　　贷：银行存款　　　256,000

并登记到相应账户，如表 2－29 所示。

表 2－29

借	银行存款		贷	借	库存现金	贷
（1）	2,000,000	（3）	1,800,000	（12）	256,000	
（2）	100,000	（5）	1,000			
（7）	396,000	（8）	6,000			
		（9）	200,000			
		（10）	880			
		（12）	256,000			

【业务 13】10 月 20 日，用现金发放职工工资。其中管理人员工资 76,000 元，销售人员工资 110,000 元，生产车间人员工资 70,000 元。

该项业务发生后使得费用账户中的"管理费用"、"销售费用"和"制造费用"增加，同时使得资产账户中的"库存现金"减少。费用增加记借方，资产减少记贷方。据此作会计分录如下：

借：管理费用　　76,000
　　销售费用　　110,000
　　制造费用　　70,000
　　贷：库存现金　　　256,000

并登记到相应账户，如表 2－30 所示。

表 2－30

借	管理费用	贷	借	销售费用	贷
（10）	880		（8）	6,000	
（13）	76,000		（13）	110,000	

借	制造费用	贷		借	库存现金	贷
(13) 70,000				(12) 256,000		(13) 256,000

【业务14】10月23日，收到10月18日的应收款项180,000元。

该项业务发生后使得资产账户中的"银行存款"增加，同时使得资产账户中的"应收账款"减少。资产增加记借方，资产减少记贷方。据此作会计分录如下：

借：银行存款　　180,000

　　贷：应收账款　　　180,000

并登记到相应账户，如表2-31所示。

表2-31

借	银行存款	贷		借	应收账款	贷
(1) 2,000,000	(3) 1,800,000			(11) 180,000	(14) 180,000	
(2) 100,000	(5) 1,000					
(7) 396,000	(8) 6,000					
(14) 180,000	(9) 200,000					
	(10) 880					
	(12) 256,000					

【业务15】10月25日用银行存款支付水电费用共计36,000元。其中行政管理部门耗用水电费8,000元，车间耗用水电费28,000元。

该项业务发生后使得资产账户中的"银行存款"减少，同时使得费用账户中的"管理费用"和"制造费用"增加。资产减少记贷方，费用增加记借方。据此作会计分录如下：

借：管理费用　　8,000

　　制造费用　　28,000

　　贷：银行存款　　　36,000

并登记到相应账户，如表2-32所示。

表2-32

借	管理费用	贷		借	制造费用	贷
(10) 880				(13) 70,000		
(13) 76,000				(15) 28,000		
(15) 8,000						

借	银行存款		贷
(1) 2,000,000		(3) 1,800,000	
(2) 100,000		(5) 1,000	
(7) 396,000		(8) 6,000	
(14) 180,000		(9) 200,000	
		(10) 880	
		(12) 256,000	
		(15) 36,000	

【业务16】10 月 27 日用银行存款支付利息费用 2,600 元。

该项业务发生后使得费用账户中的"财务费用"增加，同时使得资产账户中的"银行存款"减少。资产减少记贷方，费用增加记借方。据此作会计分录如下：

借：财务费用　　2,600
　　贷：银行存款　　2,600

并登记到相应账户，如表 2 – 33 所示。

表 2 – 33

借	财务费用	贷		借	银行存款		贷
(16) 2,600				(1) 2,000,000		(3) 1,800,000	
				(2) 100,000		(5) 1,000	
				(7) 396,000		(8) 6,000	
				(14) 180,000		(9) 200,000	
						(10) 880	
						(12) 256,000	
						(15) 36,000	
						(16) 2,600	

【业务17】10 月 30 日，结转本月产品销售成本 200,000 元。

该项业务发生后使得费用账户中的"主营业务成本"增加，同时使得资产账户中的"库存商品"减少。费用增加记借方，资产减少记贷方。据此作会计分录如下：

借：主营业务成本　　200,000
　　贷：库存商品　　　　200,000

并登记到相应账户，如表 2 – 34 所示。

表 2 – 34

借	主营业务成本	贷		借	库存商品	贷
(17) 200,000					(17) 200,000	

【业务 18】10 月 30 日，结转本月其他业务成本 10,000 元。

该项业务发生后使得费用账户中的"其他业务成本"增加，同时使得资产账户中的"原材料"减少。费用增加记借方，资产减少记贷方。据此作会计分录如下：

借：其他业务成本　　　10,000

　　贷：原材料　　　　　　　10,000

并登记到相应账户，如表 2－35 所示。

表 2－35

借	其他业务成本	贷		借	原材料		贷
(18)	10,000			(6)	201,000	(18)	10,000

通过上述例子，使我们进一步熟悉会计分录的编制及据此过入到相应账户的过程，这是会计人员的基本技能之一，是会计人员从事会计工作必须掌握的内容。

（四）过账和试算平衡

1. 过账

根据上述例子，在编制会计分录并审核无误后，应分别向账户进行登记。将会计分录中的金额分别向账户登记的步骤称为过账。

根据经济业务编制会计分录并向账户进行登记，从而通过账户实现了分类汇总，它是逐步形成会计信息的主要手段。在实际中，所涉及的账户上期期末如有余额，过账前要将上期期末的余额作为该期期初的余额首先入账，然后再将本期的发生额按发生的时间先后顺序登记入账。

为简化起见，上例中假设该制药制造企业月初无余额，仅发生上述经济业务，现将过账后的账户分类列示如表 2－36。

图2-36

资产 = 负债 + 所有者权益

库存现金

借方		贷方	
(12)	256,000	(13)	256,000
本期发生额	256,000	本期发生额	256,000
期末余额	0		

银行存款

借方		贷方	
(1)	2,000,000	(3)	1,800,000
(2)	100,000	(5)	1,000
(7)	396,000	(8)	6,000
(14)	180,000	(9)	200,000
		(10)	880
		(12)	256,000
		(15)	36,000
		(16)	2,600
本期发生额	2,676,000	本期发生额	2,302,480
期末余额	373,520		

应收账款

借方		贷方	
(11)	180,000	(14)	180,000
本期发生额	180,000	本期发生额	180,000
期末余额	0		

短期借款

借方		贷方	
		(2)	100,000
		本期发生额	100,000
		期末余额	100,000

应付账款

借方		贷方	
(9)	200,000		
本期发生额	200,000		
期末余额	0		

实收资本

借方		贷方	
		(1)	2,000,000

主营业务收入

借方		贷方	
		(7)	396,000
		本期发生额	396,000
		期末余额	396,000

其他业务收入

借方		贷方	
		(11)	180,000
		本期发生额	180,000
		本期余额	180,000

销售费用

借方		贷方	
(8)	6,000		
(13)	110,000		
本期发生额	116,000		
期末余额	116,000		

管理费用

借方		贷方	
(10)	880		
(13)	76,000		
(15)	8,000		
本期发生额	84,880		
期末余额	84,880		

制造费用

借方		贷方	
(13)	70,000		
(15)	28,000		
本期发生额	98,000		
期末余额	98,000		

财务费用

借方		贷方	
(16)	2,600		
本期发生额	2,600		
期末余额	2,600		

主营业务成本

(17)	200,000		200,000
本期发生额	200,000		200,000
期末余额	200,000		

其他业务成本

(18)	10,000		10,000
本期发生额	10,000		10,000
期末余额	10,000		

材料采购

(4)	200,000	(6)	200,000	
(5)	1,000	(6)	1,000	
本期发生额	201,000	本期发生额	201,000	
期末余额	0			

原材料

(6)	201,000	(18)	10,000
本期发生额	201,000	本期发生额	10,000
期末余额	191,000		

固定资产

(3)	1,800,000
本期发生额	1,800,000
期末余额	1,800,000

库存商品

(17)	200,000		200,000
本期发生额	200,000		200,000
期末余额	200,000		

上面的例子是遵循借贷记账法的"有借必有贷，借贷必相等"的记账规则编制会计分录，并根据审核无误的会计分录过入到相关账户中，因此过账之后，综合全部账户的借方发生额和全部账户的贷方本期发生额得到：全部账户的借方发生额合计和全部账户的贷方发生额合计总是相等的；全部账户的借方余额合计和全部账户的贷方余额合计是相等的；或资产类账户合计等于负债类账户合计加上所有者权益类账户合计。上面的等式可以作为借贷记账法下进行试算平衡的依据。在会计日常核算中，如将借贷方金额记错，则账户发生额合计和余额合计将会不平衡，据此，会计人员将会发现并纠正错误。但是有些错误的发生将不会影响上述平衡关系。例如记入账户的借方和贷方无误，但是账户的金额同时记错了。这样虽不影响借贷平衡，但是金额记错了，这就要求会计人员工作应认真细致。

2. 试算平衡

试算平衡是指在借贷记账法下利用借方、贷方发生额和期末余额（期初余额）的平衡关系，检查账户记录是否正确的一种方法。在实际当中，试算平衡可以通过编制"总分类账户本期发生额对照表"完成。它是依据上述的平衡关系式设计的。现将上述某制药企业 10 月份资料编制成总分类账本期发生额对照表，如表 2 - 37 所示。

表 2 - 37　　　　　　某医药制造企业总分类账本期发生额对照表

20×× 年 10 月 30 日　　　　　　单位：人民币元

账户	期初余额		本期发生额		期末余额	
	借方	贷方	借方	贷方	借方	贷方
库存现金			256,000	256,000	0	
银行存款			2,676,000	2,302,480	373,520	
应收账款			180,000	180,000	0	
材料采购			201,000	201,000	0	
原材料			201,000	10,000	191,000	
库存商品				200,000		200,000
固定资产			1,800,000		1,800,000	
短期借款				100,000		100,000
应付账款			200,000	200,000		0
实收资本				2,000,000		2,000,000
主营业务收入				396,000		396,000
其他业务收入				180,000		180,000
管理费用			84,880		84,880	
销售费用			116,000		116,000	
财务费用			2,600		2,600	
制造费用			98,000		98,000	
主营业务成本			200,000		200,000	
其他业务成本			10,000		10,000	
合计			6,025,480	6,025,480	2,876,000	2,876,000

上面的总分类账本期发生额对照表表现出的资产、负债和所有者权益之间的关

系说明了两点：

第一，通过全部账户反映会计对象。其中账户的借方或贷方发生额反映的是企业本期的资本运动状态，是该期记账的直接对象，而其余额反映的是企业本期的资本运动后的结果，是资本运动的静态，是一定时期记账的结果；

第二，上面某制药企业 10 月份的资产、负债和所有者权益的平衡关系是一定时期的结果，是相对的，到了下一期（如 11 月）新的业务产生后，又将达到新的平衡。

上面的总分类账户本期发生额对照表还可以将日常会计核算中分散在各个账户中的资料集中起来综合列出，通过编制该表可以核查总账记录是否完整正确。

第四节　总分类核算和明细分类核算

随着经济的发展，也促进了分类账的发展。现行的会计核算既要进行总分类核算，又要进行明细分类核算。

一、总分类核算和明细分类核算

在本章第三节复式记账法举例的【业务 2】中，某制药企业购进机器设备，价值 3,000,000 元，款未付。该项业务发生后使得企业资产增加，通过"固定资产"账户进行核算，同时使得负债增加，通过"应付账款"账户核算。在核算"固定资产"增加时只登记固定资产的总价值增加了 3,000,000 元。这种用价值指标总括的反映某一类账户的核算称为总分类核算，这一账户（本例中是"固定资产"账户）称为总分类账户。但是随着经济的发展，企业为了管理的需要，除了要进行总分类核算外，有时还需要进行更详细、更具体的核算，也就是可以就某一账户核算其品种、规格、数量、单价等等。本例中在对"固定资产"进行总分类核算的同时，还可核算固定资产的具体内容，如按制药企业的提取设备、分离设备、厂房、浴室等等进行更详细的核算。这种核算称为明细分类核算，这种账户称为明细账户。

总分类账户按照资产、负债、所有者权益、收入、费用和利润分别设置，而明细分类账户则按照更为详细的类别设置。这样既能反映某一类账户的价值状况，又能反映该类账户的实物等状况。但是在设置明细账户时需注意既要满足管理的需要，同时又要使核算手续简便。

此外，若总分类账户所属的明细分类账户为数较多，用一个总分类账户统驭较多的明细分类账户，将不便于操作。因此从管理的角度考虑，除了需要核算账户的总括资料和详细资料外，还需要核算账户中间口径的资料。因此可在总分类账户和明细分类账户之间设置一个比明细分类账总括一些，但又比总分类账明细一些的账户，该账户称为"二级账"。二级账的作用是能够帮助总分类账（一级账）分类统驭和统计所属明细分类账（三级账）核算的资料或使总分类核算的资料更为具体。前例中，在"固定资产"一级账下设置了明细分类账"提取设备"、"分离设备"、"厂房"及"浴室"等，其中"提取设备"、"分离设备"、"厂房"可以归为"生产用固定资产"这个二级账，而"浴室"可以归为"非生产用固定资产"这个二级账。二级账的设置也应该根据实际需要和管理的要求进行，否则将会给管理带来不便。

二、平行登记原则

总分类账和明细分类账是根据同一经济业务登记的，虽详细程度不一，但登记依据和内容基本相同。这样一种关系使得它们在登记时，要采用平行登记原则。

平行登记原则是指以会计凭证为依据，将同一笔经济业务分别记入总分类账户和明细分类账户时，应该独立的、互不依赖的按照相同时间、相同方向、相同金额（若有几个明细分类账则为明细分类账的金额之和，且要与总分类账金额相等）进行登记。登记要点如下：

1. 独立登记

对于每一笔经济业务，一方面要记入有关总分类账中，另一方面则要分别记入总分类账所属的各明细分类账中。例如制药企业购进机器设备，既要记入"固定资产"账户，同时又要独立地记入"固定资产"账户下所属的具体明细分类账户，如"提取设备""分离设备"等账户。

2. 登记方向相同

对于同一笔经济业务，总分类账和明细分类账所记的方向相同。制药企业购进机器设备，使得企业资产增加，记在"固定资产"账户借方，同时也还要记在"固定资产"账户所属的明细分类账"提取设备"、"分离设备"等账户的借方；

3. 登记金额相等

对于同一笔经济业务，记入总分类账的金额要与记入总分类账所属的明细分类账的金额（若有几个明细分类账则为明细分类账金额之和）相等。前例中即记入"固定资产"账户的金额，与记入其所属的明细分类账"提取设备"、"分离设备"等账户的金额之和相等；

4. 登记依据

总分类账的登记一般以原始凭证为依据编制的记账凭证或有关汇总凭证作为登记依据。

明细分类账的登记一般以原始凭证或记账凭证作为登记依据。

三、总分类核算和明细分类核算记录的相互核对

总分类账是以价值指标总括地反映经济业务的，而明细分类账则是以品种、规

格、数量、单价，甚至保管地点等进行更为详细的核算，两者的记账程序有所不同。为了保证独立登记的总分类账和明细分类账准确无误，使得总分类账和明细分类账能够相互制约，相互配合，组成一个严密的反映和控制体系，因此应该经常对其进行核对，保持账账相符。

总分类账和明细分类账的核对，从下面四个方面进行。

1. 期初余额。总分类账的期初余额应与其所属的各明细分类账的期初余额之和相等；

2. 本期增加数。总分类账的本期增加数应与其所属的各明细分类账的本期增加数之和相等；

3. 本期减少数。总分类账的本期减少数应与其所属的各明细分类账的本期减少数之和相等；

4. 期末余额。总分类账的期末余额应与其所属的各明细分类账的期末余额之和相等。

在设置二级账的情况下，总分类账与二级账，二级账与明细分类账之间的核对方法与总分类账和明细分类账之间的核对方法相类似。

本章小结

本章通过探讨六大会计要素之间的内在数量关系,建立了两个会计平衡等式即资产＝负债＋所有者权益，收入－费用＝利润（或亏损）。会计平衡等式是建立账户、复式记账和编制财务会计报表的基础，是会计学原理的最基本的内容；本章重点介绍了账户的种类、账户的结构特点、账户的结构取决于账户的性质等内容；本章重点介绍了借贷记账法，它是以"借"、"贷"为记账符号的复式记账法。"借"、"贷"只是记账符号，无实质意义。借贷记账法的应用要和会计分录结合起来；企业可以根据其类型和管理要求进行总分类核算和明细分类核算。总分类账户对明细分类账户起统驭作用，反之明细分类账户对总分类账户进行补充说明。

思考题

1. 会计六大要素及其关系如何？
2. 如何确定账户的结构？
3. 借贷复式记账的记账规则是什么？
4. 总分类核算和明细分类核算的关系。
5. 平行登记原则的具体内容是什么？

本章参考文献

[1] 吴水澎. 会计学原理 [M]. 辽宁：辽宁人民出版社，2008：35 – 38，51.

[2] 杨有红，欧阳爱平. 中级财务会计 [M]. 北京：北京大学出版社，2009：12 – 16.

会 计 学 原 理

第三章

会计凭证和账簿

【教学目标】本章是实践性很强的章节，通过教学应使学生知晓会计凭证的种类及其填制与审核；掌握账簿的种类及其登记；熟悉不同企业的总分类账的记账程序。

【教学要求】知晓原始凭证和记账凭证的构成要素及其填制和审核；掌握各类账簿的登记；掌握会计记录错误的更正方法；掌握总分类账的记账程序。

记账是以会计凭证为依据。填制和审核会计凭证是会计的一项基础工作，也是会计的基本方法之一。随着经济的发展，账簿也由单一分类账发展为总分类账和明细分类账。记账程序也随经济发展而发展。这些都是本章阐述的内容。

第一节　会计凭证及其填制与审核

案例导读

银广夏事件——伪造凭证造就的光环

1994 年 6 月上市公司广夏（银川）实业股份有限公司，简称银广夏，曾因其骄人的业绩和诱人的前景，而被称为"中国第一蓝筹股"。1999 年其"实现"对德出口 1.1 亿马克，使当年上市公司利润达到 1.58 亿元，每股收益 0.51 元，1999 年 12 月 30 日股价从 13.97 元飙升到 2000 年 12 月 29 日的最高 37.99 元。2001 年 8 月，《财经》杂志发表"银广夏的陷阱"一文，银广夏虚构财务报表的事件被曝光。在上述光环的背后，银广夏从原材料购进到生产、销售、出口等环节，伪造了包括销售合同、发票、银行票据、海关出口报关单和所得税免税文件等的全部单据。

银广夏的造假从虚假购进原材料开始。1999 年公司虚构了北京瑞杰商贸有限公司、北京市京通商贸有限公司、北京市东风实用技术研究所等单位，使其作为银广夏全资子公司天津广夏的原材料供应商。天津广夏虚假购进萃取产品的原材料、包装桶等，并到黑市上购买发票、汇款单、银行进账单等单据，伪造这几家单位与天津广夏往来的销售发票和银行汇款单；进而天津广夏又伪造了价值数千万马克的货物出口报关单和德国公司支付的数千万元货物的银行进账单；为完善造假过程，又伪造了萃取产品的生产记录，包括萃取产品的虚假原料入库单、班组生产记录、产品出库单等。天津广夏的凭证伪造使得银广夏当年虚增利润 15981.88 万元。2000 年采用同样的伪造手段使得银广夏虚增利润 52287.38 万元。

摘编自：MBA 智库文档

会计凭证是记账的依据，会计凭证的填制和审核是会计的基础工作和基本方法之一。

一、会计凭证的概念和作用

会计凭证必须如实地反映某一会计主体的经济活动的情况。为此在发生经济业务时需要取得或填制相应的会计凭证作为经济业务发生的证明文件，以保证会计记录的客观、真实和可靠。会计凭证是记录经济业务发生的全部数据，能够明确经济责任，作为登记账簿依据的书面证明文件。会计凭证可以是购买材料由供货方开出的发票、支出款项由收款方开出的收据、材料出入库的收货单、发货单等等。填制或取得会计凭证是会计工作的初始阶段和基本环节。

会计凭证作为某一会计主体经济业务发生时的证明文件，在企业会计核算中有着重要作用：

1. 会计凭证是审核经济业务的依据。会计凭证应该是经济业务发生的真实反映。记账之前通过逐一审核会计凭证是否真实、正确、合法、合理，是否符合政策、法令、制度，从而起到会计监督的作用。

2. 会计凭证是记账的依据。会计凭证可以全面记录日常发生的经济业务。记账则要以审核无误的会计凭证为依据，经过审核无误的凭证则可用以记账，从而才可能保证会计记录的真实、客观和正确性，防止主观臆断和有意作假等行为。

3. 会计凭证可以加强企业内部的经济责任。每一项经济业务从发生到完成所经过的每一流程都要由经办人员在会计凭证上签章，以示对会计凭证负责，从而可以加强经济责任，一旦问题发生也便于检查和分清责任。

二、会计凭证的种类

会计凭证按照其填制程序和用途可以分为原始凭证和记账凭证两大类。

（一）原始凭证

原始凭证（又称单据）是经济业务发生的最初证明。它是经济业务发生或完成时填制或取得的，能够明确经济责任，作为记账原始依据的一种会计凭证。经济业务发生时所涉及的财务信息数据通过该类凭证记录下来。

原始凭证有不同分类。按照来源可以分为外来原始凭证和自制原始凭证。外来原始凭证是经济业务发生时从外单位取得的原始凭证。如购进材料从购货方取得的发票。自制原始凭证是由本单位经办人员填制的原始凭证。如材料出入库的发货单或收货单。原始凭证还可按照填制方法分为一次凭证、累计凭证和原始凭证汇总表。一次凭证是一次性填制完成的原始凭证。如发票、收据，收货单和发货单等都属此类。对于有些经常重复发生的经济业务，可以采用累计凭证。它是在一定时期内连续记载同类经济业务，经多次填制，到期末按其累计数作为记账依据的原始凭证。原始凭证汇总表则是定期根据许多同类业务的一次凭证或累计凭证编制的，它可以简化编制记账凭证和登记账簿的手续。

（二）记账凭证

上面介绍的原始凭证有发票、收据、发货单和收货单等。由于这些原始凭证内容和格式不一，如果直接根据原始凭证记账，容易造成差错，所以必须先根据原始凭证编制记账凭证，再根据记账凭证登记账簿。

根据发生的经济业务填制或取得原始凭证后，会计人员应对原始凭证进行审核，审核无误后则据以编制记账凭证。

记账凭证是指依据原始凭证或原始凭证汇总表编制的，载有会计分录，并作为记账依据的一种会计凭证。在编制记账凭证时确定了会计分录，这就使得原始凭证中的数据经过确认后转换成了会计信息，并成为计入账簿的直接依据，原始凭证则成为记账凭证的附件和原始依据。依据原始凭证编制记账凭证既便于记账，又可防止差错的产生，从而保证账簿记录的正确性。

记账凭证按照用途可分为专用凭证和通用凭证。专用凭证是专门用于某一经济业务的记账凭证。一般将用于现金收入和银行存款增加业务的称为收款凭证。格式如表3-1所示。将用于现金支出和银行存款减少业务的称为付款凭证。格式如表3-2所示。将用于现金和银行存款以外的转账业务称为转账凭证。格式如表3-3所示。通用凭证则是不分收款、付款和转账业务，而是全部业务通用的一种记账凭证。其格式与转账凭证格式类同，上面的凭证名称则变为记账凭证。

表3-1　　　　　　　　　　收款凭证

借方科目：银行存款　　　　　　　　20××年×月×日　　　　　　　凭证编号：收字×号

摘要	贷方科目		账页	金额		附件2张
	一级科目	明细科目		一级科目	明细科目	
主营业务收入	主营业务收入	A产品	＊＊	××××	××××	
合计				××××	××××	

核准　　　　会计主管××　　　　　会计××　　　　　出纳××　　　　填制××

表3－2   付款凭证

贷方科目：库存现金   20×× 年 × 月 × 日   凭证编号：付字 × 号

摘要	贷方科目		账页	金额		附件2张
	一级科目	明细科目		一级科目	明细科目	
银行存款利息收入	其他应收款	××银行	＊＊	××××	××××	
合计				××××	××××	
核准 会计主管×× 会计×× 出纳×× 填制××						

表3－3   转账凭证

20×× 年 × 月 × 日   凭证编号：转字 × 号

摘要	贷方科目		账页	金额		金额		附件2张
	一级科目	明细科目		一级科目	明细科目	一级科目	明细科目	
购入原材料货款未付	材料采购 应付账款	甲材料 大海公司	＊＊	××××	××××	××××	××××	
合计				××××	××××	××××	××××	
核准 会计主管×× 会计×× 填制××								

为了简化总分类账的登记工作，还可以根据记账凭证编制记账凭证汇总表（即科目汇总表）或编制汇总记账凭证，再据以登记总分类账。该类凭证的作用与记账凭证类同，仅是为了简化记账工作。

三、会计凭证的填制与审核

会计凭证分为原始凭证和记账凭证。会计凭证的填制与审核分别就原始凭证和记账凭证介绍。

（一）原始凭证的填制与审核

1. 原始凭证的基本内容

原始凭证包括发票、收据、发货单及收货单等。尽管这些原始凭证的内容和格式不尽相同，但都必须具备如下基本要素。

（1）填制单位的名称，对外凭证即是加盖的公章；

（2）原始凭证的名称，如发票、收据等；

（3）填写凭证的日期，一般按经济业务发生日期填写；

（4）对外凭证要有接收单位名称；

（5）发生的经济业务的内容摘要；

（6）经济业务所涉及的财务数量和金额，包括金额的大小写；

（7）经办人员的签章；

（8）原始凭证编号。

2. 原始凭证的填制要求

原始凭证是经济业务发生的最初证明，是涉及会计信息是否真实准确的第一道关口，其填制要符合下面要求：

（1）真实性要求。原始凭证填列的经济业务的内容、填制日期及财务数据须真实可靠，应按实际发生的真实情况填列。

（2）完整、清楚、正确性要求。原始凭证规定的项目须填列完整，文字数字须清晰可辨，数量、金额等需计算正确。

（3）及时性要求。经济业务发生或完成后，须由经办人员立即填制原始凭证并签章，及时传递至会计部门审核并及时记账。

3. 原始凭证的审核

作为记账依据的原始凭证，须审核无误，才能据以编制记账凭证，从而保证会计记录的真实可靠。

对于每一张原始凭证，在审核时要满足如下要求：

首先是形式上的审核。从形式上要审核原始凭证的填制是否符合规定的要求。

（1）真实性要求。原始凭证必须真的，是经济业务发生的最初证明；

（2）正确性要求。原始凭证的填制要素须齐全，计算无误，须符合原始凭证的填制要求。

其次是实质上的审核。从实质上既要审核原始凭证反映的经济业务是否真实，又要审核原始凭证所反映的经济业务是否合法合理。

（1）合法性要求，审核经济业务是否符合相关政策、法令、制度、计划、预算和合同等的规定；

（2）合理性要求，审核经济业务是否符合提高经济效益的要求。

对原始凭证的审核是通过下面步骤进行的。

第一步，审核原始凭证反映的经济业务。

（1）审核经济业务的真实性。即审核原始凭证的来源是否可靠；

（2）衡量经济业务的合法性。即衡量其是否符合相关政策、法令、制度、计划、预算和合同等；

（3）审核经济业务的合理性。即审核其是否符合提高经济效益的要求。

第二步，审核原始凭证记载的正确性。审核原始凭证记载中的内容和数字是否清楚正确，数量、单价、金额是否计算正确、大小写是否有误等等。

（二）记账凭证的填制与审核

1. 记账凭证的基本内容

记账凭证是以审核无误的原始凭证为依据编制而成的。它须具备如下基本要素：

（1）填制单位的名称。即该记账凭证所属的会计主体的名称；

（2）记账凭证的名称；

（3）记账凭证的填制日期及编号；

（4）经济业务的内容摘要；

（5）应借、应贷账户（包括一级账和三级账）的名称和金额；

（6）记账备注。即标注记账时需要提示、备忘的事项；

（7）所附原始凭证的张数；

（8）相关会计主管和经办人员的签章。

2. 记账凭证的填制

填制记账凭证是会计核算工作的重要环节。会计工作中，对于原始凭证更应该注重其审核，而对于记账凭证则主要注重其填制。

记账凭证按用途分为专用凭证和通用凭证。专用凭证又有收款、付款和转账三种凭证格式。通用凭证则只有一种格式。

同一会计主体，会发生从银行提取现金或将现金存入银行的经济业务，这样会同时使得现金增加，银行存款减少，或者同时使得银行存款增加，现金减少。如果同时填制收款凭证和付款凭证，则会造成重复记账。因此对于该类经济业务通常的做法是按减少方填制付款凭证。即从银行提取现金只填制银行存款付款凭证，不填制现金收款凭证；同样将现金存入银行则只填制现金付款凭证。通用凭证的格式和填制方法与转账凭证相同。

记账凭证的填制要求与原始凭证基本相同，此处不再赘述。

3. 记账凭证的审核

在依据记账凭证记入账簿之前，必须对记账凭证进行审核。对记账凭证主要审核如下内容：

（1）记账凭证是否附有原始凭证；记账凭证的经济内容、金额合计是否与原始凭证相符；所附原始凭证有无遗漏。

（2）记账凭证中的会计分录其应借应贷的账户名称是否符合相关要求，金额计算是否正确，账户对应关系是否清晰。

（3）记账凭证的相关项目是否填列齐全，有无相关人员的签章。

在对记账凭证的审核中如发现差错，应立即查明原因，并重填或按划线更正法予以更正，更正人员须签章以示责任。

四、会计凭证的传递和保管

（一）会计凭证的传递

会计凭证的传递包括会计凭证的传递程序和传递时间。

会计凭证的传递程序是指一张会计凭证，填制后应交到哪个部门、哪个岗位，由谁接办业务手续，直至归档保管为止的程序。它实际上是会计凭证的传递路径。由于各种会计凭证所记载经济业务不同，涉及的部门和人员不同，据以办理的业务手续亦不同，所以不同的会计凭证应规定一个合理的传递程序。如原始凭证有一式几联，不同的联要传递到不同的部门。如提货联是购货方提货的凭证，购货方据此到仓库提货并交由（传递到）销货方（仓库）。

会计凭证的传递时间则是根据各种会计凭证办理业务手续所需的时间从而规定

其传递的期限。规定传递时间的目的是使各部门各环节环环相扣，互相督促，提高工作效率。

（二）会计凭证的保管

会计凭证作为某一会计主体的重要经济档案，须妥善保管，以备查考。保管会计凭证要求如下。

在每月记账完毕，将本月记账凭证按凭证序号顺序排列，检查有无缺号和附件是否齐全，加装封面封底，装订成册，加贴封签和公章后妥善保管。

如遇记账凭证所附的原始凭证过多，可另行装订，单独保管，但须在记账凭证中注明。

如遇贪污盗窃等情况，需要某凭证作证时，不可将凭证从原册中抽出，只能复制，以避免原册残缺。

会计凭证要按年份、月份顺序排列，集中保管，以便查阅。会计凭证查阅要按相关手续办理，一般不得外借。销毁会计凭证应按规定办法进行。

第二节　会计账簿及其登记

一、账簿的概念和种类

（一）账簿的概念

从前面第二章第三节【业务1】至【业务18】的例子可知，经济业务发生之后，根据原始凭证编制记账凭证，再逐笔登记到账户中去，很明显经过日积月累数量将很多。如果不把这些分散的账页集中起来，妥善保管，时间长了容易造成散失，也不便于查考。因此在会计工作中，不仅需要建立账户，而且需要设置账簿。

账簿是由一定格式、相互联系的账页所组成，并以会计凭证为依据，全面、连续、系统地记录有关经济业务的会计簿籍。会计人员是在具有一定格式、相互联系的账页组成的簿籍中按照时间顺序分类登记经济业务的。簿籍只是账簿的外表形式，而账户记录则是账簿的内容。

设置账簿是会计工作的一个重要环节。通常所说的记账就是在账簿中按照账户进行登记。

（二）账簿的种类

账簿按照用途可以分为序时账簿、分类账簿和备查账簿。

序时账簿是以每一项经济业务为记录单位，按照经济业务发生的先后顺序逐日逐笔进行登记的账簿。我国目前常用序时账簿有现金日记账和银行存款日记账。序时账簿能够提供连续、系统的信息，我国的现金日记账和银行存款日记账反映的是某一部分资金的运动过程。

分类账簿是按照分类账户开设的，是对各项经济业务进行分类登记的账簿。前已述分类账簿可分为总分类账簿（简称总账）和明细分类账簿（简称明细账）。分类账簿可以按照会计主体的经营管理和决策需要设立，通过分类账户能将各种信息转变成总括、连续、系统地会计信息，从而满足编制财务会计报表的需要。

备查账簿是对上述序时账簿和分类账簿等主要账簿不能记载或记载不全的事项，为便于查考而补充登记的账簿。该账簿对主要账簿起辅助作用，又称辅助账簿。例如设置应收票据备查簿，登记"应收票据"账户中不能详尽登记的内容。如登记每一应收票据的种类、号数、出票日期、票面金额、票面利率、交易合同号、付款人、承兑人、背书人的姓名或单位名称、到期日、贴现日、背书转让日、贴现率、贴现净额、未计提的利息，收款日及收款金额，退票情况等资料。应收票据到期结清或退票则要在备查账簿中注销。

账簿按照外表形式可以分为订本式账簿、活页式账簿和卡片式账簿。

订本式账簿是在启用之前，账页已按顺序编号，装订成册的账簿。

活页式账簿是在启用之时，账页没有装订成册，置于活页账夹内，可以随时取放的账簿。活页式账簿在使用时要进行编号并由相关人员在账页上签章，使用完毕则要装订成册或封扎保管。

卡片式账簿是由一定格式的硬卡片组成，置于卡片箱内，随时可以取放的账簿。一般用于不经常变动的账项的登记，如用于固定资产明细账的登记。卡片式账簿的使用管理类同活页式账簿。

订本式账簿和活页式账簿、卡片式账簿各有优缺点。订本式账簿账页固定，可以防止账页散失或非法抽换，但不便于分工记账，不能根据需要增减账页，且会造成账页的连续性差或不必要的浪费。而活页式账簿和卡片式账簿则可随需要增减账页，便于分工记账，但缺点是账页容易散失或被非法抽换，因此在使用时应加强管理。

二、账簿的设置和登记规则

（一）日记账的设置

我国的会计主体通常设置现金日记账和银行存款日记账。现金日记账和银行存款日记账分别根据审核后的现金收款凭证、付款凭证，银行存款收款凭证、付款凭证逐日逐笔按顺序进行登记。对从银行提取现金则通常是按照银行存款付款凭证登记现金日记账；同样将现金存入银行或由其他银行转存的款项则根据现金付款凭证或银行存款付款凭证登记。

日记账应逐日逐笔按顺序进行登记，并应日清月结。日记账一般采用三栏式账页格式或多栏式账页格式。现金日记账账页格式如表3-4所示。

表 3 – 4 现金日记账

20××年		凭证号数		摘要	对方账户	收入	付出	余额
月	日	收款	付款					
4	1			月初余额				××××
	1		现付1	购买办公品	管理费用		×××	
	1		现付2	采购员预借差旅费	其他应收款		×××	
	1	银付1		提取现金	银行存款	×××		××××
4	30			本月发生额合计及月末余额		××××	××××	××××

银行存款日记账账页格式如表 3 – 5 所示。

表 3 – 5 银行存款日记账

20××年		凭证号数	摘要	结算凭证	对方账户	收入	付出	结余
月	日							
9	1		月初余额	略				×××××
	1	银付1	支付购买材料款		材料采购		××××	
	1	银收1	主营业务收入		主营业务收入	×××××		
9	30		本月发生额合计及月末余额			××××××	××××××	×××××

（二）分类账的设置

分类账包括总分类账和明细分类账。总分类账是总括反映经济业务的账簿，一般采用三栏式的账页格式，按会计科目进行分类登记。由于不同会计主体采用的总分类账的记账程序不同（该内容将在本章第四节介绍），总分类账的登记程序也不同。根据会计主体的特点不同，既可以根据记账凭证逐笔登记总账，也可将记账凭证汇总后一次性登记总账。

明细分类账提供更为详尽的资料并对总分类账进行补充说明。明细分类账由于提供的信息特点不同，有不同的账页格式，包括三栏式、数量金额式和多栏式账页格式（该内容将在本章第三节介绍）。

（三）备查簿的设置

备查簿是辅助性账簿，无固定格式，可根据会计主体的会计核算和经营管理的需要而设置。

（四）账簿的登记规则

登记账簿是会计核算的重要环节，为保证会计核算信息的质量，应遵守账簿登记规则。

必须根据审核无误的会计凭证登记账簿。总分类账和明细分类账登记时要遵循平行登记原则，两者应独立的互不依赖的进行登记，从而在会计信息系统内部形成一个保护控制体系，以减少信息失误。

账簿记录应清晰整洁。为防篡改和便于长期保存会计资料，记账须用蓝、黑墨水书写，不能使用圆珠笔和铅笔记账。账簿中用红笔书写具有特定用途，即用于划线、改错和冲账。账簿文字须清晰端正，数字须记在金额线内，小数点后无数字，须填写"00"，不可省略。

登记账簿时要按照账簿页码连续登记，不可跳页跳行。每一张账页登记完毕，应在账页最后一行摘要栏中注明"转次页"并结计"本页发生额合计数"和"余额"，并在下一页摘要栏注明"承上页"，将上页发生额和余额记入该页第一行。记账凭证的凭证编号应计入账簿，同时在记账凭证上注明账簿页码或做记号，表示该笔业务已经过账。

账簿记录有误，应根据相应的方法更正。不可挖补、刮擦、涂抹或用墨水褪色剂更改。

三、对账和结账

（一）对账

会计工作难免会发生各种差错和出现账实不符的情况，有些是自然原因造成的，有些是人为原因造成。因此企业在内部控制制度设计时就要使得账簿与实物、会计凭证、财务会计报表之间，账簿与账簿之间能够相互控制、相互稽核、自动平衡，从而达到保护控制的目的。同时会计实际工作中，在会计期末结账之前必须进行对账，以避免会计工作差错的发生和账实不符情况的出现。因此对账是会计工作的必要环节。

对账是指在会计结账之前，将账簿记录的有关数字与库存实物、货币资金以及往来结算等进行相互核对，促使账证相符、账账相符、账实相符及账表相符，从而使会计期末编制的财务会计报表的数据翔实可靠。

对账可以在日常进行，也可以定期进行。日常核对是对日常填制的记账凭证进行核对，发现问题及时更正。定期核对是在月末、季末和年末结账之前进行。对账包括：

1. 账证核对。是将账簿记录与其记账依据——记账凭证或原始凭证进行核对。主要是在日常填制凭证和登记账簿时进行；在试算平衡时账账核对发现差错，也需要查对凭证。

2. 账账核对。是将各种账簿之间有关数字相互进行核对。具体包括：

（1）各个总分类账之间的核对。将总分类账各账户借方发生额合计数与贷方发生额合计数核对并应相符；期末借方余额合计数与贷方余额合计数核对并应相符。

（2）各个总分类账与其所属的明细分类账之间的核对。将各个总分类账与其所属的明细分类账和现金、银行存款日记账中的本期发生额合计数以及期末余额合计数核对并应相符。

（3）财务部门掌管的物资财产的明细分类账与业务部门掌管的同类明细分类账核对并应相符。

账账核对主要是在结账过程中进行的。

3. 账实核对。是将账簿记录与各项财产物资、货币资金等实物的实有数进行核对。具体包括：

（1）现金日记账账面余额与实存现金核对并应相符。

（2）银行存款日记账账面余额与银行送来的对账单定期核对并应相符。

（3）财产物资账的结存数与实物库存数核对并应相符。

（4）各种应收款项、应付款项及银行借款等与相关结算单位核对并应相符。

账实核对通过财产清查进行。

4. 账表核对。是将账簿与财务会计报表、分析表之间核对并应相符。

（二）结账

结账是将本期内所发生的经济业务全部入账，在此基础上，对该期内的账簿记录进行小结，结计出本期发生额合计数和期末余额。结账是分期进行的。

由于账页格式和账户的用途不同，结账的方法也不尽相同。下面以三栏式账页格式的实账户为例介绍结账方法。暂记性账户的结账方法将在下一章介绍。

实账户又称永久性账户，一般是指平时或结账后有余额的账户。资产（类）账户、负债（类）账户、所有者权益（类）账户及利润（类）账户均为实账户。虚账户又称暂记性账户，一般是指结账后无余额的账户。收入（类）账户、费用（类）账户均为暂记性账户。

实账户结账包括月结、季结和年结。三栏式账页格式的实账户的结账首先要将该期发生的经济业务全部入账，再从摘要栏处画一条短单红线，在红线下的日期栏填写结账日期，在摘要栏填写"结计"，并结计本期借方和贷方发生额合计数及期末余额，月末和季末数额结计完毕，从日期栏开始通体画长的单红线，年末数额结计完毕则画长的双红线，表示该期结束。三栏式账页格式的实账户结计如表3-6所示。

表 3-6   资产账户

账户名称：银行存款

20××年		凭证号数	摘要	借方	贷方	借／贷	余额
月	日						
1	1	（略）	期初余额			借	××××
	10		收到货款	××××		借	××××
	20		支付货款		××××	借	××××
〰〰							
1	31	××××	月结	××××	××××	借	
〰〰							

四、查错和会计记录错误的更正

结账之前，需要核对会计记录，查对其是否有误。对于会计记录的错误，应采用适当的方法进行更正。

（一）查错

查错是指查找账目错误、分析原因所在，并予以更正。

账目错误的原因有二，其一是会影响借贷平衡的错误；其二是不会影响借贷平衡的错误。会影响借贷平衡的错误相对便于查找，不会影响借贷平衡的错误查找相对困难。

（二）会计记录错误的更正方法

会计账目出现错误，查找出错误之后，要根据不同的情况，采用适当的方法进行更正。会计账目错误的更正方法有以下三种：

1. 画线更正法

画线更正法适用于下列情况：（1）在登记到账簿之前，发现记账凭证上出现差错；（2）在结账之前，发现账簿记录中的文字或数字出现差错。具体更正方法是在错误的文字或数字上画一条单红线，将错误的文字或数字全部注销，但错误的文字或数字须清晰可辨。再在其上方空白处用蓝色或黑色墨水笔填上正确的文字或数字，予以更正。同时记账人员要在更正处签章，以示责任。

265.79   王晓芳

256.79

2. 红字更正法

红字更正法适用于下列情况：（1）在记账或结账后，发现记账凭证用错了账户，经济业务登错了账目；（2）若结账后发现账簿记录的数字大于应记数，对于多记的部分可用红字予以冲销。第一种错误发生，具体更正方法为：首先填一张金额为红字的记账凭证，冲销原记账凭证。该红字凭证与原记账凭证账户名称相同，但日期、编号、摘要、金额（红字）、附件不同。其次根据红字凭证登记账簿，冲销原来错误的账簿记录。再次填一张正确的记账凭证（蓝字）。最后根据正确的记账凭证登记账簿。

例如某制药企业销售产品 500,000 元，款未收到。

根据上面的经济业务编制如下会计分录，并登记入账（略）。

借：应收账款　　500,000

　　贷：其他业务收入　500,000

经核对，该记账凭证有误，从而导致账簿记录有误。

上述错误采用红字更正法更正如下：

首先填制红字记账凭证，冲销原错误的记账凭证。

借：应收账款　　　　　500,000

　　贷：其他业务收入　　　500,000

其次根据红字记账凭证登记账簿。

借	应收账款	贷
500,000		
500,000		

借	其他业务收入	贷
	500,000	
	500,000	

再次填一张正确的记账凭证。

　　借：应收账款　　　　　　　500,000

　　　　贷：主营业务收入　　　　　600,000

最后根据正确的记账凭证登记账簿。

借	应收账款	贷
500,000		

借	主营业务收入	贷
	500,000	

对于第二种记账凭证多记的错误，将多记的部分填一张红字凭证予以冲销，再据以冲销账簿记录；若记账凭证填制无误，账簿多记了，则用红字直接冲销账簿多记的部分。

3. 补充登记法

补充登记法适用于下列情况：①在结账后发现记账凭证中账户无误，但金额小于应记数；②记账凭证无误，但账簿记录少记了。对于第一种错误更正时先补记少记的记账凭证，再补记少记的账簿即可。对于第二种错误可不再填制记账凭证，只要在账簿的摘要栏中注明"某月某日某项经济业务少记金额现予以补记"并填写补记金额即可。

综上所述，对于记账错误，应根据不同的情况，采用不同的方法进行更正。

第三节　日记簿和分类账

日记簿是西方账簿体系中的一个组成部分，它不同于我国账簿体系中的日记账。

在会计工作早期阶段，强调经济业务的逐日登记，日记簿通常是将每天发生的经济业务按照时间先后顺序，编制成会计分录，以此作为过入分类账簿的依据，实质上日记簿就是分录簿。

分类账是按照它所涉及的两个或两个以上的账户进行分类登记的账簿。分类账中的记录实际上也是按照时间顺序登记的。所以严格地讲，账簿按照用途分类应该分为分录账簿和分类账簿。

一、日记簿

日记簿是一种原始分录簿，它依据原始凭证，按照时间的先后顺序，依次记录每一笔经济业务的应借和应贷的账户名称和金额的记录。日记簿可以登记

会计凭证和账簿

全部经济业务，也可以只用来登记某一类经济业务，所以分为普通日记簿和特种日记簿。普通日记簿是按照经济业务发生的先后顺序，编制会计分录，并且作为登记账簿的依据的分录簿。它实际上相当于我国的记账凭证。而特种日记簿则用来登记大量的重复发生的某一类经济业务，例如现金收付，货物采购、货物销售等。最常用的特种日记簿有现金收入日记簿、现金支出日记簿、购货日记簿和销货日记簿等。它是根据会计主体的性质和某类经济业务发生的频次设计的，在形式上相当于我国的汇总记账凭证。普通日记簿和特种日记簿的会计分录都要登记到分类账当中去。

普通日记簿最一般的格式为两栏式，设有借方和贷方金额栏。其格式如表3-7所示（以第二章复式记账法【业务1】为例编制）。

表3-7   普通日记簿   第1页

分录号	账户及摘要	过账索引	借方金额	贷方金额
1	银行存款		1,000,000	
	实收资本			1,000,000
	（投资者追加投入			
	资本1,000,000元）			

应用日记簿可以逐日序时地将经济业务记录下来，在日记簿中确定了每笔经济业务的会计分录，并根据会计分录过入分类账，可以避免直接根据经济业务记入分类账可能产生的差错。

对于经济业务多的会计主体，应用一本日记簿不便于分工记账，而且从日记簿逐笔过入到分类账，工作量较大，于是对于交易频度比较高的业务，如现金收付、货物采购及货物销售等可以采用特种日记簿形式。通过特种日记簿汇总登记同类经济业务，再根据汇总总数过入分类账，从而减少过入总账的工作量。最常见的特种日记簿有现金收入日记簿、现金支出日记簿、销货日记簿和购货日记簿。是否设置以及设置何种特种日记簿取决于会计主体的性质和某类业务发生的频度。

一般经济业务较多的大中型企业是将序时记录设置几本特种日记簿和一本普通日记簿，以便全面、及时地由专人分工负责登记企业所发生的交易。

二、分类账

账簿的主干体系是分类账。分类账包括总分类账和明细分类账。总分类账对明细分类账起到统驭作用，明细分类账对总分类账提供的资料进行补充说明。

一级账以下的各级账（包括二级账、三级账及三级以下账）统称为明细账。明细账是按照明细分类账户进行分户登记的账簿。它提供比总分类账户更加详细的资料。明细账级次的划分和具体的设置，要根据会计主体的经营特点和管理要求不同而定。

由于涉及的经济业务不同，明细账账页格式常用的有三栏式、数量金额式和多栏式账页格式。三栏式账页格式的明细账只登记金额，所以适用于记录应收账款、应付账款等单纯以金额反映的明细账。三栏式账页格式的明细账如表3-8所示。

表3-8

明细科目　　　　　　　　　　　　应付账款明细账

20××年		凭证号数	摘要	对方科目	借方	贷方	借/贷	余额
月	日							
7	1		月初余额				贷	2,000
	8	转20	购料欠款	材料采购		1,500	贷	3,500
	18	银付15	支付货款	银行存款	2,500		贷	1,000
≈≈≈								
7	31		本月发生额及月末余额		2,500	1,500	贷	1,000
≈≈≈								

数量金额式账页格式的明细账是既登记金额又登记实物的明细账。它适用于财产物资的明细分类核算，可以用来记录原材料、库存商品等的明细情况。数量金额式账页格式的明细账如表3-9所示。

表3-9　　　　　　　　　　　　　　原材料明细账

材料名称：甲材料　　　　　编号：　　　　规格：　　　　　　计量单位：千克

20××年		凭证号数	摘要	收入			发出			结存		
月	日			数量	单价	金额	数量	单价	金额	数量	单价	金额
9	1		月初余额							×××	××	×××
	2	略	收到材料	××××	××	××××				××××	××	××××
	5		车间领用				×××	××	××××	×××	××	×××
≈≈≈												
9	30		本月发生额及月末余额	××××	××	××××	××××	××	××××	×××	××	××××

多栏式账页格式的明细账是对账户的借方贷方分设若干专栏进行明细分类核算的明细账，常用来进行收入和费用账户的明细登记。多栏式账页格式的明细账如表3-10所示。

表 3 – 10

账户名称：　　　　　　　　　　　　多栏式费用明细账　　　　　　　　　　　　第　页

年		凭证号数	摘要	借方					贷方	余额
月	日			费用	费用	…	…	…	借方合计		

　　明细账中的二级账是以记账凭证为依据登记的，三级及三级以下的明细账是依据原始凭证和汇总原始凭证进行登记的。

　　对于记录债权债务的明细账，由于它的重要性应在业务发生时或收到凭证当天及时登记；对于记录收入、成本费用等明细账，由于它属于某一特定会计期间，应在该期间结计完毕；对于原材料、库存商品这一类明细账在特殊情况下可以分两次记录，在原材料或库存商品收发时记录其实物变动数量；在原材料采购成本或产品生产成本计算出来之后，根据成本记单价和金额。

　　总分类账是按照每一个总分类账户开设账页，进行分户登记的账簿。它提供的资料比较概括，是编制资产负债表和利润表的依据。一般采用三栏式的账页格式。如表 3 – 11 所示。

表 3 – 11

账户名称：　　　　　　　　　　　　三栏式总账账页　　　　　　　　　　　　第　页

年		日记账页次	摘要	借方	贷方	借/贷	余额
月	日						

　　总账的账务处理程序西方国家是根据各种日记簿登记总账的。我国则是根据会计主体采用的账务处理程序的不同而有所不同，可以是根据记账凭证、记账凭证汇总表或是汇总记账凭证登记总账。相关内容将在下节介绍。

第四节　会计账务处理程序

　　会计作为提供信息的手段，需要涉及会计凭证的编制、账簿的设置及登记、以及以此为基础的财务会计报表的编制。这三者不是孤立的，如何将会计凭证、账簿及财务会计报表进行有机组织，就形成一个账务处理的程序。

　　账务处理程序即记账程序是指记账和产生会计信息的步骤和方法。具体来说是指填制凭证，传递凭证、登记账簿以及根据账簿记录提供财务信息这一整个过程的步骤和方法。由于会计主体的规模大小不同、经济业务性质不同，需要根据各自的情况设计符合自身条件的账务处理程序。

账务处理程序的设计要符合会计主体的行业性质、规模大小、业务性质及管理要求；要能够提供本单位正确、及时和完整的财务信息；要能够在保证会计工作质量的前提条件下，提高工作效率。我国目前常用的账务处理程序包括记账凭证记账程序、科目汇总表记账程序及汇总记账凭证记账程序等。

一、记账凭证记账程序

记账凭证记账程序是根据每一张记账凭证登记总账。它是最简单，也是最基本的记账程序。

采用该记账程序会计主体设置的账簿一般有现金日记账、银行存款日记账、总分类账和明细分类账。现金日记账和银行存款日记账一般采用三栏式账页格式；总分类账按照每一账户开设账页，也可采用三栏式账页格式；明细账可依据需要采用三栏式、数量金额式和多栏式账页格式；记账凭证可采用通用凭证或专用凭证。我国采用的该种记账程序其记账凭证所起的作用相当于西方会计中的日记簿，它是记账的依据。记账凭证记账程序的基本内容如图 3-1 所示。

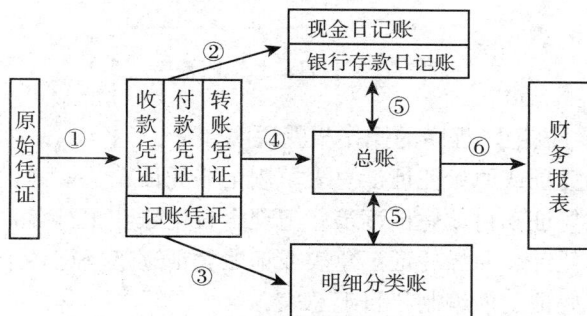

图 3-1　记账凭证记账程序

根据上面图，对该记账程序的操作步骤说明如下：

（1）根据原始凭证或原始凭证汇总表填制记账凭证；

（2）根据收款凭证和付款凭证逐笔登记现金日记账和银行存款日记账；

（3）根据原始凭证、原始凭证汇总表或记账凭证逐笔登记各个明细账；

（4）根据各种记账凭证逐笔登记总分类账；

（5）期末，对总分类账记录进行试算平衡；并将现金日记账、银行存款日记账期末余额以及各个明细账期末余额之和与总分类账相关账户的期末余额进行核对并应相符；

（6）根据总分类账和明细分类账提供的资料编制财务会计报表。

上述记账凭证记账程序比较简单明了，总分类账反映的内容比较详细。但该程序是根据每一张记账凭证逐笔登记总账的，所以登记总账的工作量较大，不符合总账总括反映的特点。一般只适用于规模小，业务少的企业。

二、科目汇总表记账程序

上面的记账凭证记账程序是根据每一张记账凭证登记总账，一但企业规模变大，业务变多，则根据每一张记账凭证登记总账将会使得登记总账的工作量变大，为避免这一不足，设计了科目汇总表记账程序。它是根据记账凭证定期填制科目汇总表，再根据科目汇总表登记总账。而科目汇总表则是根据收款凭证、付款凭证和转账凭证按照相同的会计科目归类定期编制而成的记账凭证汇总表。科目汇总表记账程序的基本内容如图3-2所示。

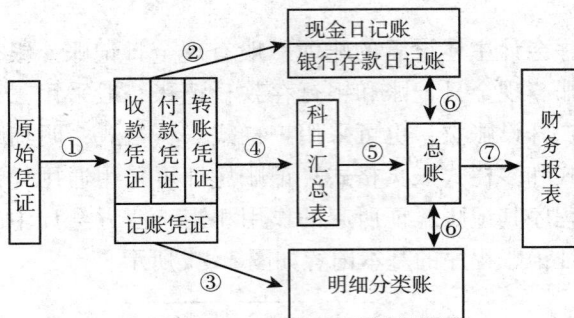

图3-2 科目汇总记账程序

根据上面图，对该记账程序的操作步骤说明如下：

（1）根据原始凭证或原始凭证汇总表填制记账凭证；

（2）根据收款凭证和付款凭证逐笔登记现金日记账和银行存款日记账；

（3）根据原始凭证、原始凭证汇总表或记账凭证逐笔登记各个明细账；

（4）根据记账凭证定期编制科目汇总表；

（5）根据科目汇总表登记总分类账；

（6）期末，对总分类账记录进行试算平衡；并将现金日记账、银行存款日记账期末余额以及各个明细账期末余额之和与总分类账相关账户的期末余额进行核对并应相符；

（7）根据总分类账和明细分类账提供的资料编制财务会计报表。

采用科目汇总表记账程序登记总账，简化了登记总账的手续，减少了登记总账的工作量，适用于规模大、业务多的企业；在编制科目汇总表的过程中计算了总账的借方和贷方的合计数，有利于检查账簿记录的正确性；由于总账是根据科目汇总表的合计数登记的，所以总账可以不设摘要栏，如有摘要栏也可以不登；定期编制科目汇总表在减少登记总账工作量的同时又增加了编制科目汇总表的工作量；科目汇总表是以借方和贷方合计数形式表现的，故不能反映账户之间的对应关系，不便于查对账目，也不便于分析经济业务的来龙去脉，因此工作底稿作为科目汇总表的附件，应妥善保管。

三、汇总记账凭证记账程序

由于科目汇总表记账程序不能反映账户之间的对应关系，故经改进设计了汇总记账凭证记账程序。该记账程序是先编制汇总记账凭证，再根据汇总记账凭证登记总账。

采用该记账程序会计主体设置的账簿一般有现金日记账、银行存款日记账、总分类账和明细分类账。汇总记账凭证分为汇总收款凭证、汇总付款凭证和汇总转账凭证。它们是分别根据现金、银行存款收、付款凭证及转账凭证汇总编制的。汇总记账凭证记账程序的基本内容如图 3 - 3 所示。

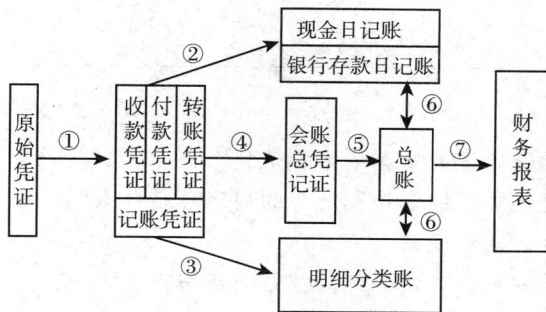

图 3 - 3　汇总记账凭证记账程序

根据上面图，对该记账程序的操作步骤说明如下：

（1）根据原始凭证或原始凭证汇总表填制记账凭证；

（2）根据收款凭证和付款凭证逐笔登记现金日记账和银行存款日记账；

（3）根据原始凭证、原始凭证汇总表或记账凭证逐笔登记各个明细账；

（4）根据现金、银行存款日记账收、付款凭证及转账凭证定期编制汇总的收款凭证、付款凭证和转账凭证。

（5）根据汇总的收、付款凭证及转账凭证登记总分类账。

（6）期末，对总分类账记录进行试算平衡；并将现金日记账、银行存款日记账期末余额以及各个明细账期末余额之和与总分类账相关账户的期末余额进行核对并应相符；

（7）根据总分类账和明细分类账提供的资料编制财务会计报表。

采用汇总记账凭证记账程序既减少了登记总账的工作量，又能反映账户之间的对应关系，便于检查分析，从而保证会计核算的质量。该记账程序适用于大、中型企业；由于该记账程序是汇总收款凭证、付款凭证及转账凭证再登记总账的，所以在减少了登记总账工作量的同时，又增加了编制汇总记账凭证的工作量；在汇总现金、银行存款的收款凭证时要分别根据现金、银行存款账户的借方设置，并按其对应的贷方账户归类汇总。同样在汇总现金、银行存款付款凭证时要根据现金、银行存款账户的贷方设置，并按其对应账户的借方账户归类汇总。在汇总转账凭证时要按照每一账户的贷方分别设置，并按其对应账户的借方归类汇总，这与会计工作在会计主体内按照经济活动的专业分工不相协调。

本章小结

　　本章的内容实践性很强，需要通过实际操作掌握所学知识。本章介绍了原始凭证的基本要素，原始凭证的填制和审核；介绍了记账凭证的基本要素，记账凭证的填制和审核；在第二章掌握账簿基本知识的基础之上，着重于实际操作，尤其是记账凭证的填制方法、账簿的登记等内容；本章还介绍了总分类账账务处理程序的优缺点及适用的企业。

思考题

1. 原始凭证、记账凭证的基本要素各是什么？
2. 原始凭证和记账凭证的审核和填制的内容各是什么？
3. 账户和账簿的区别和联系。
4. 会计记录错误的更正方法有哪些？如何应用？
5. 不同账务处理程序的优缺点何在？各适用于哪类企业？
6. 西方账簿体系中的日记簿和我国会计核算中的现金和银行存款日记账的区别。

本章参考文献

[1] 吴水澎，会计学原理 [M] . 辽宁：辽宁人民出版社，2008：80 - 85.
[2] 徐文彬，会计学原理 [M] . 上海：立信会计出版社，2007：125 - 128，130 - 131，136 - 137.

第四章

会计循环

【**教学目标**】掌握权责发生制和账项调整的内容；知晓工作底稿的编制方法；掌握利润表和资产负债表之间的关系；结合前面章节，全面理解结账。

【**教学要求**】通过本章教学使学生弄懂会计确认的时间基础——收付实现制和权责发生制，以及权责发生制下如何进行账项调整；清楚工作底稿的编制方法，初步掌握利润表和资产负债表及其关系；全面理解结账。

在前面章节介绍了账户的设置、复式记账的方法、会计凭证及账簿的有关知识。在会计实践中，这些方法是按照一定的程序逐步进行的。这种按照一定程序依次继起的账务处理方法称为会计循环。一个完整的会计循环要包括下面内容：

（1）编制记账凭证；

（2）将记账凭证内的会计账项按照一定的程序过入到总分类账和明细分类账中；

（3）依据分类账中各账户的资料进行试算平衡；

（4）期末对应该调整的事项按照权责发生制的要求作调整分录并过入到分类账中；

（5）编制调整后的试算表；

（6）依据调整后的试算表编制财务会计报表；

（7）作结账分录，结清收入、费用这类暂记性账户；

（8）编制结账后的试算表；

（9）必要时，编制转回分录。

会计循环的前两项内容已在上面章节作了介绍，第 3 项至第 8 项内容将在本章及以后章节介绍，有关转回分录的内容略。

本章主要讲述会计确认的时间基础——收付实现制和权责发生制，以及权责发生制下如何进行账项调整；工作底稿的编制方法；利润表和资产负债表之间的关系；完整的结账知识。

第一节　权责发生制与账项调整

在介绍权责发生制及账项调整的内容之前，先介绍会计期间和会计年度、收入和费用的收支期间和应归属期间的知识，以作铺垫。

一、会计期间和会计年度

企业的生产经营活动是持续进行的，不断投入，则形成费用，销售产品等，则取得收入。因此企业将不断地产生利润或亏损，不断地产生新的财务状况。若要对记录这些连绵不断的生产经营活动的账簿定期进行总结，并编制出财务会计报表，就必须确定会计期间。

（一）会计期间

会计期间，是为了便于总结会计资料而在持续的、川流不息的生产经营活动中人为地截取一段起讫时间，作为结计企业财务信息的时间。它是会计的基本假设之一。会计期间一般为一年，在一年中还可以分为月度和季度。

确定了会计期间就可以确定企业的收入和费用，可以计算成本，可以确定利润和进行利润分配，并以此计征税金；确定了会计期间，才能进一步掌握权责发生制和进行账项调整。

（二）会计年度

会计年度是以一年为单位总结企业的生产经营活动。确定会计年度的方法有两种：一种是日历年度，即以每年的一月一日到本年的十二月三十一日作为一个会计年度进行会计核算；另一是以经营周期作为起讫期。我国大多数行业如制药行业、机械行业、纺织行业等都以日历年度作为会计年度；少数行业如房地产行业、造船行业等因其成本核算要以实际建造时间为依据，则采用经营周期作为起讫期进行会计核算。

为了管理的需要，还可以将年度划分为更短的经营期间，如月度、季度等，因此财务会计报表除了年报外，还有月报、季报及半年报。

二、收入和费用的收支期间和应归属期间

一般地，企业提供了产品和劳务，同时就可以收到该笔款项；或者暂未收到款项，只是收取了获得该款项的法定权利，短期内也会收到该笔款项。企业为取得收入要发生资金耗费，该资金耗费一般用现款支付，并由取得收入的会计期间负担，这样就可以使得收入和费用在相关的基础之上进行比较。像这样将相关的收入和费用相互配合、相互比较的计算程序称之为配比。只有合理的配比了某一会计期间的收入和费用，才能够比较正确的计算盈亏。

确定了会计期间，就可以在会计期末根据账簿记录，结合企业本期的生产经营活动将本期的收入和本期的费用进行比较从而计算本期的盈亏。但是账簿是以会计期间发生经济业务为依据登记入账的。因此就存在一个问题，直接根据账簿记录中的收入和费用计算的盈亏是否就是属于本期的收入和本期的费用计算的盈亏？换言之，账簿记录的收入和费用是否属于本期的收入和本期的费用？如果答案是否定的，那么应该如何确定本期的收入和本期的费用才能比较正确的计算本期盈亏？因此就需要研究收入和费用的收支期间和应归属期间的问题。

（一）收入和费用的收支期间

收入和费用的收支期间是指收入收到了现款（包括现金和银行存款）和费用用现款（包括现金和银行存款）支付了的会计期间。

（二）收入和费用的应归属期间

收入和费用的应归属期间是指应获得收入和应负担费用的会计期间。

一般来说企业的收入和费用的收支期间和应归属期间是一致的。但是由于生产经营活动是持续进行的，而又人为地划分了会计期间，就使得一部分收入和费用的收支期间和应归属期间不相一致。

1. 预收收入。有些收入虽然在本期收到，但是到以后各期才能获得。例如：

【业务1】某制药企业某年出租厂房获得租金收入。现一月份获得上半年半年的租金收入600，000元。

对于一月份来说，它应该获得的租金收入为其中的六分之一，即100,000元，其余的500,000元应该是二月到六月份陆续获得的收入。该部分不属于一月份但在该月已经收到，并在以后月份才能获得的收入对于一月份来说就是预收收入。

2. 预付费用。本期内已经支付的费用，也并不都应该由本期负担，有的应该由本期以后的各期负担。例如：

【业务2】某制药企业某年一月份用银行存款支付了全年的设备保险费60，000元。

对于一月份来说其中的十二分之一，即5,000元应该由一月份负担，其余的55,000元应该由二月到十二月陆续负担。该部分不应由一月份负担但已在该月份支付，并要到以后月份陆续负担的费用对于一月份来说就是预付费用。

3. 应计收入。有些收入虽在本期尚未收到，但却属于本期应该获得的收入。例如：

【业务3】某制药企业一季度末收到的银行存款的利息收入6,000元。

银行存款的利息收入是按季度结算的。每季度末结算的是该季度三个月的利息收入。对于企业来说，该季度的第一个月和第二个月的利息收入虽尚未收到，但应该获得。该例中对于一月份和二月份虽未收到收入，但应分别获得该季度末收到的利息收入6,000元的三分之一即2,000元。该收入对于一月份、二月份来说就是应计收入。

4. 应计费用。有些费用在本期尚未支付，但应该由本期负担。例如：

【业务4】某制药企业某月耗用电费 80,000 元，款项下月支付。

本期耗用的电费应该由本期负担，但要到下月支付。这一部分对于本月来说尚未支付但应该由本月负担的费用就是应计费用。

三、收付实现制和权责发生制

收付实现制和权责发生制是会计确认的时间基础。

（一）收付实现制

收付实现制又称为现金制或称为实收实付制。按照收付实现制，确定本期的收入和费用，是以款项的实际收付作为标准的。即凡属于本期收到的收入和支付的费用，不管其是否归属于本期，都作为本期的收入和费用处理；反之，凡本期未曾收到的收入和未曾支付的费用，即使其应该归属于本期，也不作为本期的收入和费用处理。由于收付实现制是以款项的实际收付作为标准的，所以又称为现金制。

按照收付实现制，会计核算可以不考虑预收收入、预付费用、应计收入和应计费用，期末根据账簿记录确定本期的收入和费用即可，所以在期末不需要对账簿记录进行调整。

（二）权责发生制

权责发生制又称为应计制或称为应收应付制。按照权责发生制，确定本期的收入和费用，是以应收应付作为标准的。即凡属于本期应获得的收入，不管其款项是否收到，都作为本期的收入处理。凡属于本期应负担的费用，不管其款项是否付出，都作为本期的费用处理；反之，凡不应该归属于本期的收入，即使款项已经收到并已经入账，也不作为本期的收入处理。凡不归属于本期的费用，即使款项已经付出并已经入账，也不作为本期的费用处理。

权责发生制由于它不问款项的收付，而是以收入和费用应不应该归属于本期作为标准，所以又称为应计制。

按照权责发生制会计核算需要考虑预收收入、预付费用、应计收入和应计费用，期末根据账簿记录确定本期的收入和费用，要按照应予归属的原则进行账项调整。

四、账项调整

按照权责发生制，需要对账簿记录中不应归属于本期的收入和费用以及应该归属于本期的收入和费用进行账项调整，使会计核算得到的信息能够比较正确的反映会计主体的经营成果和财务状况。

调整是按照应予归属的标准，合理的反映相互连接的各个会计期间应获得的收入和应负担的费用，使得各期的收入和费用在相关的基础之上进行配比，从而比较正确的计算各期的盈亏。期末进行账项调整才能比较正确的反映会计主体的经营成果和财务状况。

（一）有关收入的账项调整

有关收入的账项调整涉及预收收入和应计收入。

1. 预收收入

预收收入是指已经收到了款项，但尚未交付产品和提供劳务而尚未获得的收入。

企业的预收收入包括预收的货款、预收的购货定金，还包括向外界提供劳务预收的其他收入，如预收出租包装物的租金收入等。

按照权责发生制，期末要对本期收到的款项进行分析处理。对于本期已实现的部分作为本期的收入处理；对于本期未实现的部分，即虽然在本期或前期已经收到并已入账，但是构成收入的产品或劳务尚未交付或尚未提供的这一部分，作为对预付款单位的一种负债，应该通过设置负债类账户——"预收账款"账户进行核算。

沿用本节二中【业务1】的例子说明预收收入的账项调整。

某制药企业某年出租厂房获得租金收入。现一月份获得上半年半年的租金收入600,000元，存入银行。

对于预收收入的账项调整，与预收收入的入账方式有关。

出租厂房，收到租金并且能够确定当期可实现的部分时，则将可实现的部分作为当期的收入处理，将其余当期不能实现部分，作为负债处理，记入"预收账款"账户。

收到时，做如下会计分录：

借：银行存款　　　600,000
　　贷：其他业务收入　　100,000
　　　　预收账款　　　　500,000

以后二月末至六月末收入实现，进行账项调整时，则作如下会计分录：

借：预收账款　　　100,000
　　贷：其他业务收入　　100,000

出租厂房，收到租金并且不能确定当期可实现的部分时，则将其悉数作为负债处理，通过"预收账款"账户进行核算。

收到租金时，会计分录如下：

借：银行存款　　　600,000
　　贷：预收账款　　　　600,000

每月末收入实现时，对实现的部分作收入处理，未实现的部分则递延到下期。

借：预收账款　　　100,000
　　贷：其他业务收入　　100,000

如果发生某一期预收款项退回，则意味着没有为对方提供服务。会计分录如下：

借：预收账款　　　100,000
　　贷：银行存款　　　　100,000

2. 应计收入

应计收入是指本期已经获得，但是尚未收到款项的收入。它主要是向其他会计主体提供财产物资的使用权或者提供劳务，而尚未结算，尚未收到入账的收入。如应收的银行存款的利息收入，应收的出租包装物的租金收入等。

应计收入虽然在本期内尚未收到，但是产生收入的财产物资的使用权或者劳务已经提供，应该构成本期的收入，因此在期末要进行账项调整。沿用本节二中【业务3】的例子说明应计收入的账项调整。

某制药企业一季度末收到的银行存款的利息收入6,000元。

一季度的银行存款的利息收入要到三月末才能结出。在银行结出利息之前，为了正确地核算一季度中一月份和二月份的利息收入，应将一月份和二月份应获得但尚未收到的利息收入分别调整入账。

一月份和二月份应获得但尚未收到的利息收入，属于企业的债权。在对其进行账项调整时，应在资产账户"其他应收款"账户中核算。

一季度一月末和二月末进行账项调整时，作如下会计分录：

借：其他应收款——××银行　　2,000
　　贷：财务费用——利息收入　　　　2,000

一季度末，根据银行结出的利息，作如下会计分录：

借：银行存款　　　　　　　　6,000
　　贷：其他应收款——××银行　　4,000
　　　　财务费用——利息收入　　　2,000

（二）有关费用的账项调整

1. 预付费用

预付费用是指支付在先，发生在后的费用。会计主体在经营过程中出现支付在前，受益在后的事项，则会涉及预付费用。如预付的保险费、预付的租金及预付的报刊订阅费等。

预付费用是要根据后续各期的受益比例，予以分别摊销的费用。现行《企业会计准则》规定通过设置资产账户"预付账款"账户进行核算。沿用本节二中【业务2】的例子说明预付费用的账项调整。

某制药企业某年一月份用银行存款支付了全年的设备保险费60,000元。

对于预付的款项，一月份支付时悉数作为预付费用记入"预付账款"账户借方。以后按期确认受益部分时，再进行账项调整。

一月份预付设备保险费时，作如下会计分录：

借：预付账款　　60,000
　　贷：银行存款　　　60,000

确认受益比例（如每月均匀分摊），按期摊销时，会计分录如下：

借：制造费用　　5,000
　　贷：预付账款　　5,000

设备保险费应在"制造费用"账户中核算。

2. 应计费用

应计费用是在本期已经耗费或已经受益，但尚未入账，尚未支付的费用。由于这些费用要在以后会计期间支付或者要在本期账项调整后支付，所以要在期末将其调整入账，以便正确计算本期费用。

（1）应计费用

该类费用是在本期已经发生，但尚未入账，尚未支付的费用。例如机器设备的大修理、耗用的电力等都是受益在前，支付在后，应由前期负担的费用。现行《企业会计准则》规定通过负债类账户"其他应付款"账户进行账项调整，予以核算。发生上述机器设备大修理、耗用电力等费用时，借记相关费用账户，同时贷记"其他应付款"账户；支付账款时，借记"其他应付款"账户，贷记"银行存款"账户。沿用本节二【业务4】中的例子说明应计费用的账项调整。

某制药企业某月耗用电费80,000元，款项下月支付。

本月耗用的电费，下月支付款项，但此费用属于本月应负担的费用，应在期末进行账项调整，作为本期的费用处理。

本月末账项调整时，作如下会计分录：

借：制造费用　　80,000
　　贷：其他应付款　　80,000

下月实际支付款项时，则会计分录为：

借：其他应付款　　80,000
　　贷：银行存款　　　　80,000

再如某制药企业六月发生机器设备大修理费60,000元。

机器设备修理费发生在六月，但是机器设备的使用不仅只在六月，六月及六月之前的设备使用期间均应均匀负担该费用，只有这样才能正确计算各期费用。假设六月份发生的费用由该制药企业本年一至六月份负担，则受益月份需要均匀承担该费用，通过计提作为每月的费用处理。

每月末计提机器设备大修理费时，作会计分录如下：

借：制造费用　　10,000
　　贷：其他应付款　　10,000

六月末支付机器设备大修理费用时：

借：其他应付款　　60,000
　　贷：银行存款　　　60,000

（2）应交税费

企业从事生产经营活动，应向国家缴纳销售税金。其缴纳的税额是根据本月的销售额乘以规定的税率计算得到，并在次月缴纳。所以也应将这部分税金调整入账，作为本期的费用。月末将税金调整入账时，借记"营业税金及附加"账户，贷记"应交税费"账户；次月缴纳时，借记"应交税费"账户，贷记"银行存款"账户。

"应交税费"账户是一个负债类账户，企业应缴纳的税费在没有缴纳之前，因是负债增加，故记贷方；实际缴纳后，意味着负债减少，则记借方。下面举例说明。

某制药企业本月应缴纳的销售税金为 5,600 元，于次月实际缴纳。

企业缴纳的销售税金，在本期发生，属于本期的费用，故应调整入账。

本月末账项调整时，作会计分录如下：

借：营业税金及附加　　5,600

　　贷：应交税费　　　　　　5,600

次月实际缴纳时：

借：应交税费　　5,600

　　贷：银行存款　　　5,600

（三）期末的其他账项调整

前面按照权责发生制应归属原则进行账项调整，期末还需要对其他的一些账项进行调整，以便正确的计算盈亏。例如计提固定资产折旧、计提坏账准备等。下面以固定资产为例说明期末其他账项调整。

固定资产是指为生产商品、提供劳务、出租（机器设备类）或经营管理等需要而持有，使用寿命超过一个会计年度的资产。固定资产包括企业拥有的各种房屋及建筑物，生产、出租或经营管理用的机器设备，交通运输设备，工具器具等。根据固定资产持有的目的和使用年限长的特点，应在使用期间内，按照权责发生制的原则，逐渐地将其价值转化为费用，而不是将其所发生的资金耗费作为营业支出，在发生期间直接列支。

固定资产在使用过程中逐渐损耗，部分地、逐渐地转移到它所参与的生产过程当中，并通过销售，取得销售收入而得到补偿。固定资产在使用过程中逐渐损耗而转移到产品成本中去的这一部分价值，称为固定资产折旧。固定资产折旧一般是根据固定资产的原值乘以相应的折旧率按月计提的。

固定资产的折旧费是固定资产因发生磨损而转化的费用。固定资产折旧费通常在期末计算确定，记做当期费用，因此须在期末进行账项调整。

固定资产折旧是将固定资产在使用过程中发生的价值损耗通过折旧的方式分期收回，它不是真正意义上的固定资产减少，所以通常不直接记入"固定资产"账户的贷方，而是另设一个账户"累计折旧"账户，记在"累计折旧"账户的贷方，同时又能保留"固定资产"账户的原值。

在会计工作中，为了满足管理上的要求，需要保留资产、负债、所有者权益账户的原始数据，为此除了记录原始数据的账户外，还需要设置一个用以记录和反映对原始数据进行调整的账户。将记录原始数据的账户和记录调整数据的账户相加或相减，就可以得到实际的数据。

用以记录和反映原始数据的账户，称为被调整账户。例如"固定资产"账户就是一个被调整性质的账户。用以记录和反映对原始数据进行调整的账户，称为调整账户。例如"累计折旧"账户就是一个调整性质的账户。

调整原始数据无非增加和减少两个方面，所以调整账户又可以分为两种，一种是调整增加的账户，称为附加账户；另一种是调整减少的账户，称为备抵账户。附加账户的调整方式是用附加账户的余额去增加被调整账户的余额，以求得调整后的余额，因此这两个账户的余额方向是相同的。备抵账户的调整方式是用备抵账户的余额去抵减被调整账户的余额，以求得调整后的余额，因此这两个账户的余额方向是相反的。

"累计折旧"账户是"固定资产"账户的备抵账户。使用该账户可以保留固定资产账户的原值。用"固定资产"账户的原值减去"累计折旧"账户的数值，得到的就是固定资产的账面净值，也就是固定资产的净值。

下面举例说明固定资产的账项调整。

某制药企业 6 月计提固定资产折旧共计 5,000 元，其中管理部门计提的固定资产折旧 1,600 元，生产车间计提的固定资产折旧 3,400 元。

固定资产折旧费的归集相当灵活，要根据具体的经济业务确定。在学习中要注意总结。本例中管理部门计提固定资产折旧，记入"管理费用"账户，生产车间计提固定资产折旧，当其不能按照具体产品归集时，则记入"制造费用"账户。据此作会计分录如下：

借：管理费用　　　1,600
　　制造费用　　　3,400
　　　贷：累计折旧　　　5,000

上面介绍了权责发生制下的账项调整的内容。综上所述，实行权责发生制，期末进行账项调整是一个必要的环节。调整是将应计入本期的收入和费用调整入账。但是账项调整并不限于满足权责发生制的要求，账簿记录经过调整之后，就可以进行对账和结账，从而据以计算确定本期的经营成果。

第二节　工作底稿的编制和基本财务报表

一个完整的会计循环至少要编制三次试算表。第一次是经济业务发生后，根据经济业务作会计分录，并据以入账，要进行试算平衡，该试算平衡称为调整前的试算平衡；第二次是编制调整分录，并据以登记到有关账户中去，要进行试算平衡，该试算平衡称为调整后的试算平衡；第三次是结清所有的暂记性账户，编制试算表，该试算表就是资产负债表。以上会计工作中的多次试算，环节较多，为了及时确定企业经营成果，减少该过程可能的出现差错，可以在期末通过编制工作底稿完成上述多次试算。

工作底稿是将一定期间计算所得或调查搜集所得的会计资料，汇集在一起，为取得编制报表和结账数据而进行的调整、试算及分析的表式。工作底稿并不是会计循环的必要环节。工作底稿的格式也依据企业需要而定。一般的格式为五栏式，设有调整前的试算、账项调整、调整后的试算、利润表和资产负债表五大栏，每一大栏下面分设借方和贷方两小栏；此外还可根据企业需要增设栏目。

举例说明工作底稿的编制。

一、调整前的准备

假设某制药企业 12 月 1 日有关账户的期初余额资料如下：

库存现金	1,600	
银行存款	220,000	
库存商品	360,000	
预付账款	600	
长期股权投资	600,000	
固定资产	1,200,000	
累计折旧		317,800
短期借款		500,000
预收账款		480,000
实收资本		800,000
留存收益		284,400
合　　计	2,382,200	2,382,200

该企业 12 月又发生如下经济业务：

【业务1】12 月 3 日，购入甲种原材料 20 吨，每吨 5,000 元，材料验收入库，货款通过银行支付。运费假设由销售方承担。

【业务2】12 月 5 日，购入制药辅料 30 吨，每吨 1,000 元，材料验收入库，货款尚未支付。运费假设由销售方支付。

【业务3】12 月 8 日，销售人员出差暂借差旅费 800 元，用现金支付。

【业务4】12 月 10 日，用银行存款支付本月 5 日购进辅料所欠货款。

【业务5】12 月 12 日，销售本企业生产的 A 种药品，价值 100,000 元，货款通过银行收讫。

【业务6】12 月 16 日，销售本企业生产的 B 种药品，价值 400,000 元，收到对方开出 90 天期，票面利率为 6.6% 的银行承兑的汇票一张。

【业务7】12 月 16 日，开出转账支票支付销售部门办公用品费用 2,000 元。

【业务8】12 月 17 日，销售人员出差归来，报销差旅费 600 元，余款交回现金。

【业务9】12 月 18 日，行政部门购入办公用品，价值 500 元，现金支付。

【业务10】12 月 20 日，提取现金 110,000 元，当即发放职工工资。

【业务11】12 月 20 日，购入乙种原材料，价值 32,000 元，材料验收入库，货款尚未支付。运费假设由销售方支付。

【业务12】12 月 22 日，销售多余原材料，价值 5,600 元，款项通过银行收讫。

【业务13】12 月 23 日，用银行存款支付 20 日购入乙种原材料的货款。

【业务14】12 月 24 日，用银行存款支付广告费用 5,000 元。

另外，属于本月需要进行账项调整的事项有：

【业务15】12月初，出租包装物，获得12月至次年2月三个月的租金收入3,000元。

【业务16】12月16日销售产品，对方开出的银行承兑汇票至本月31日所形成的利息收入需要调整入账。

【业务17】上月向银行借入半年期的短期借款100,000元，借款利率为6%。

【业务18】该制药企业上年末预付本年厂部固定资产保险费7,200元。

【业务19】12月，计提厂部固定资产折旧11,000元。

为使上面会计循环完整，补充结转账项如下：

【业务20】结转本月发放的职工工资。其中管理人员工资40,000元，销售人员工资70,000元。

【业务21】结转以上销售的产品的成本共计220,000元。

根据上面经济业务依次作如下会计分录：

【业务1】该业务发生，依题意材料运费由销售方承担，为简便起见，材料价款直接记入"原材料"账户。

借：原材料——甲材料　100,000
　　贷：银行存款　　　　　　100,000

【业务2】借：原材料——辅助材料　30,000
　　　　　贷：应付账款——××企业　30,000

【业务3】借：其他应收款——××销售人员　800
　　　　　贷：库存现金　　　　　　　　　800

【业务4】借：应付账款——××企业　30,000
　　　　　贷：银行存款　　　　　　　30,000

【业务5】借：银行存款　100,000
　　　　　贷：主营业务收入　100,000

【业务6】借：应收票据——××企业　400,000
　　　　　贷：主营业务收入　　　　　400,000

【业务7】借：销售费用　2,000
　　　　　贷：银行存款　2,000

【业务8】借：销售费用　　　　　　　　600
　　　　　库存现金　　　　　　　　200
　　　　　贷：其他应收款——××销售人员　800

【业务9】借：管理费用　500
　　　　　贷：库存现金　500

【业务10】借：库存现金　110,000
　　　　　　贷：银行存款　　　110,000

借：应付职工薪酬　110,000
　　贷：库存现金　　　　110,000

【业务11】借：原材料——乙材料　　32,000
　　　　　　贷：应付账款——××企业　　32,000
【业务12】借：银行存款　　5,600
　　　　　　贷：其他业务收入　　5,600
【业务13】借：应付账款——××企业　　32,000
　　　　　　贷：银行存款　　　　　　　　32,000
【业务14】借：销售费用　　5,000
　　　　　　贷：银行存款　　5,000
本月需要调整的事项，会计分录如下：
【业务15】调整分录（1）
　　　　　　借：其他应收款　　1,000
　　　　　　　　贷：其他业务收入　　1,000
【业务16】调整分录（2）
从12月16日到12月31日该制药企业持有商业汇票已达15天，由此得到的利息收入按照权责发生制的原则应作为本期的收入处理，记在"财务费用"账户的贷方，表示收入增加。
利息 $= 400,000 \times 6.6\% \times 15 \div 360 = 1,100$（元）
　　　　　　借：其他应收款　　　　　　1,100
　　　　　　　　贷：财务费用——利息收入　　　　1,100
【业务17】调整分录（3）
利息 $= 100,000 \times 6\% \div 12 \times 1 = 500$（元）
　　　　　　借：财务费用　　　　　　　　500
　　　　　　　　贷：其他应付款　　　　　　　　500
【业务18】调整分录（4）
上年末支付的本年度固定资产保险费，应在本年度每月均匀摊销。现将属于本月的部分调整入账。
　　　　　借：管理费用　　600
　　　　　　贷：预付账款　　600
【业务19】调整分录（5）
　　　　　　借：管理费用　　11,000
　　　　　　　　贷：累计折旧　　11,000
【业务20】借：管理费用　　40,000
　　　　　　　销售费用　　70,000
　　　　　　贷：应付职工薪酬　　110,000
【业务21】借：主营业务成本　　220,000
　　　　　　贷：库存商品　　　　　　220,000
上面的会计工作按照如下的顺序进行：开设账户；在账户中登记期初余额；将本期发生的经济业务登记入账；将调整分录登记入账；结计出各账户的期末余额。
将本例中的经济业务按照上述顺序进行，直至登记相关经济业务到相应账户并结计各账户的期末余额。

库存现金			
期初余额	1,600	(3)	800
(8)	200	(9)	500
(10)	110,000	(10)	110,000
合计	111,800	合计	111,300
期末余额	500		

应收票据			
(6)	400,000		
合计	400,000		
期末余额	400,000		

其他应收款			
(3)	800	(8)	800
(15)	1,000		
(16)	1,100		
合计	2,900	合计	800
期末余额	2,100		

库存商品			
期初余额	360,000	(21)	220,000
期末余额	140,000	合计	220,000

应付职工薪酬			
(10)	110,000	(20)	110,000
合计	110,000	合计	110,000
		期末余额	0

应付账款			
(4)	30,000	(2)	30,000
(13)	32,000	(11)	32,000
合计	62,000	合计	62,000
		期末余额	0

销售费用			
(7)	2,000		
(8)	600		
(14)	5,000		
(20)	70,000		
合计	77,600		

银行存款			
期初余额	220,000	(1)	100,000
(5)	100,000	(4)	30,000
(12)	5,600	(7)	2,000
		(10)	110,000
		(13)	32,000
		(14)	5,000
合计	105,600	合计	279,000
期末余额	46,600		

预付账款			
期初余额	600	(18)	600
期末余额	0	合计	600

原材料			
(1)	100,000		
(2)	30,000		
(11)	32,000		
合计	162,000		
期末余额	162,000		

累计折旧			
		期初余额	317,800
		(19)	11,000
		合计	11,000
		期末余额	328,800

其他应付款			
		(17)	500
		合计	500
		期末余额	500

管理费用			
(9)	500		
(18)	600		
(19)	11,000		
(20)	40,000		
合计	52,100		

财务费用		主营业务成本	
(17) 500	(16) 1,100	(21) 220,000	
合计 500	合计 1,100	合计 220,000	
	期末余额 600		

主营业务收入		其他业务收入	
			(12) 5,600
	(5) 100,000		(15) 1,000
	(6) 400,000		合计 6,600
	合计 500,000		

上面的会计分录的序号按例题的序号标注。为简化起见，本期没有发生额的其他账户，不予列出。

根据上面账户结计的期末余额资料，可以编制调整前的试算表。但是实际中并不是将调整前的试算表、账项调整分录、调整后的试算表分开进行编制的，而是将其放在一起，即通过编制工作底稿完成。

二、工作底稿的编制

编制工作底稿并不是会计循环的必要环节。其格式可以根据企业的实际需要设定。

工作底稿一般包括调整前的试算表、账项调整分录、调整后的试算表、利润表、资产负债表等栏目。

工作底稿编制的方法如下：

首先，根据分类账资料进行调整前的试算。也就是将本例中结计出的本期期末余额填入调整前的试算中，并将借方栏和贷方栏进行试算平衡。

其次，将账项调整分录填入工作底稿，并据以编制调整后的试算表。该内容分为两步。第一步是将账项调整分录填入工作底稿中的调整分录栏，并将借方栏和贷方栏进行试算平衡。第二步是编制调整后的试算表，即将调整前的试算表和账项调整分录的对应账户相加或相减得到整后的试算表的相应账户的内容，并将借方栏和贷方栏进行试算平衡。

编制出调整后的试算表，表明本期予以登记的经济业务均已入账，下一步则要编制期末的财务会计报表。它们也是先在工作底稿上进行，以减少差错。

再次，在工作底稿上编制利润表和资产负债表。即将调整后的试算表中的收入、费用账户的资料填入利润表，结计出本期利润，并将借方栏和贷方栏进行试算平衡；将调整后的试算表中的资产、负债和所有者权益账户资料（包括利润表中得到的本期利润）填入资产负债表，并将借方栏和贷方栏进行试算平衡。

根据上例编制的某制药企业的工作底稿如表 4−1 所示。

表4-1

某制药公司工作底稿

20×x年12月31日

账户名称	调整前试算表		调整分录		调整后试算表		利润表		资产负债表	
	借方	贷方	借方	贷方	借方	贷方	借方	贷方	借方	贷方
库存现金	500				500				500	
银行存款	46,600				46,600				46,600	
应收票据	400,000				400,000				400,000	
其他应收款	0		(1) 1,000 (2) 1,100		2,100				2,100	
原材料	162,000				162,000				162,000	
库存商品	140,000				140,000				140,000	
预付账款	600			(4) 600	0				0	
长期股权投资	600,000				600,000				600,000	
固定资产	1,200,000				1,200,000				1,200,000	
累计折旧		317,800		(5) 11,000		328,800			−328,800	
短期借款		500,000				500,000				500,000
预收账款		480,000				480,000				480,000
应付职工薪酬		0				0				0
应付账款		0				0				0
其他应付款		0		(3) 500		500				500
实收资本		800,000				800,000				800,000

续表

账户名称	调整前试算表		调整分录		调整后试算表		利润表		资产负债表	
	借方	贷方	借方	贷方	借方	贷方	借方	贷方	借方	贷方
留存收益		284,400				284,400				284,400
销售费用	77,600				77,600		77,600			
管理费用	40,500		(4) 600 (5) 11,000		52,100		52,100			
主营业务成本	220,000				220,000		220,000			
主营业务收入		500,000		(1) 1,000		500,000		500,000		
其他业务收入		5,600		(2) 1,100		6,600		6,600		
财务费用			(3) 500			600		600		
	2,887,800	2,887,800	14,200	14,200	2,900,900	2,900,900	349,700	507,200	2,222,400	
							157,500			157,500
							507,200	507,200	2,222,400	2,222,400

上面工作底稿调整分录栏中的序号为调整分录的序号，依次对应的例题为【业务15】至【业务19】。

至此，工作底稿编制完毕，下面可以根据工作底稿编制基本财务报表。

三、基本财务报表

案例导读

深圳凯立德涉嫌利用商业承兑汇票粉饰财务报表

深圳市凯立德科技股份有限公司2012年6月6日披露了其招股说明书。从其公布的财务数据看，该公司报告期内盈利增长喜人，其中营业收入从2009年的8219.25万元增长到2011年的16829.97万元，复合增长率为43.1%；净利润从2009年的2072.11万元增长到2011年的8168.66万元，复合增长率更是高达98.55%。

根据凯立德公司发布的资产负债数据，2011年末应收票据科目余额高达2364.81万元，同比上年末125.2万元的余额飙升了2239.61万元，这与该公司2011年年度营业收入同比增长11.74%的水平完全不相称。对此招股说明书在"货币资金分析"部分阐述道："部分大客户资金面受到一定程度的影响，为减缓资金压力因而采用银行承兑汇票付款"、"公司收到的商业承兑汇票均为比亚迪支付的货款。比亚迪作为公司的前装导航客户，资信状况良好"、"因此公司放宽了收款信用政策"。从中明显可以看出凯立德通过放宽信用政策来保留、吸引客户的意图。商业承兑汇票的付款期限为6个月，客户在此期间无需实际支付款项，这一点对于处于银根紧缩的2011年的企业具有很大的吸引力。然而监管部门明确指出涉嫌利润操纵行为的具体标准中就包括一项"放宽付款条件促进短期销售增长"，凯立德应收票据科目余额猛增将近18倍，无疑应归入这一范畴。

摘编自：深圳市凯立德科技股份有限公司招股说明书及金融一网

知识拓展

复合增长率是指一项投资在特定时期内的年度增长率。其计算方法为总增长率百分比的n方根，n为有关时期内的年数。

财务报表是指按照一定格式，运用货币信息概括地反映企业经营活动的成果和财务状况等的书面文件。主要包括利润表、资产负债表、现金流量表等。下面简要介绍利润表和资产负债表的内容。这两张报表的详细内容将在以后章节中介绍。

（一）利润表

利润表是反映企业在某一期间的经营成果的报表。其结构分为单步式和多步式。

单步式利润表是在表中上部列出全部收入，下部列出全部费用，从而计算出本期利润的报表格式。多步式利润表将在第五章讲述。单步式利润表的格式如表4－2所示。

表4－2

利润表

20××年12月

项目		
主营业务收入		××××××
其他业务收入		×××
减：主营业务成本	××××××	
其他业务成本	×××××	
销售费用	×××××	
管理费用	×××	
财务费用	××××	××××××
净利润		×××××

（二）资产负债表

资产负债表反映的是企业某一时点财务状况的报表。它反映了在该时点资产的总额及分布情况、不同性质的负债的金额以及归属于所有者的部分各是多少。其格式有报告式和账户式。报告式的资产负债表是将资产、负债和所有者权益由上而下。即首先列示所有资产、其次列示所有负债、最后列示所有者权益的内容。我国一般采用账户式的资产负债表，详细内容将在第六章讲述。报告式资产负债表的格式如表4－3所示。

表4－3

资产负债表

20××年12月31日

项　目	金　额
资产	
流动资产	×××××
……	……
非流动资产	××××××
……	……
减：负债	××××
流动负债	……
……	××××××
非流动负债	……
所有者权益	×××××××
……	……

（三）利润表和资产负债表之间的关系

作为财务会计报表的组成部分的利润表和资产负债表，其反映的内容各有不同。

从报表特性看，利润表反映的是企业一定期间的经营成果，是对一个经营期间运动过程的反映；而资产负债表反映的是企业某一时点上的财务状况，是经过某一经营过程后的结果。利润表是动态报表，资产负债表是静态报表。

从结构基础看，资产负债表的结构基础是：资产＝负债＋所有者权益；而利润表的结构基础是：收入－费用＝利润。两者的结构基础不同。

从数量关系上看，利润表只反映了收入和费用项目（这从工作底稿的编制过程也能看出），无法表明资产、负债等的具体情况。但是利润表中的净利润则是所有者权益的一个部分，在没有其他影响所有者权益业务的情况下，其关系是：期初的所有者权益＋本期利润＝期末的所有者权益。

第三节　结账和会计循环的结束

一、结账和结账分录

在第三章第二节我们介绍了实账户的结账，它是一种程序，通常是与过账联系进行的。

结账作为一种程序，通常是在每个会计期末进行的。在会计期末结账时要结计出本期发生额的合计数和期末余额。在结计本期发生额和期末余额时，要区别对待不同类型的账户。对于像资产、负债、所有者权益等实账户即永久性账户，期末一般有余额。结计出期末余额后，该余额会随着企业经营活动的延续递延到下一期，作为下一期期初余额；而对于像收入、费用这一类虚账户即暂记性账户，它是归属于特定会计期间的，到该会计期间结束，需要结平。到下一会计期间，要重新开设这些虚账户。

为结平收入、费用这一类虚账户所做的会计分录，称为结账分录。因此结账就不是一个单纯技术性的程序，它应该包括两个方面：

第一在将会计分录全部过账的基础之上，结计出本期发生额的合计数和期末余额，并递延到下一期；

第二为在会计期末结平所有虚账户所做的会计分录。

二、结账业务

结账业务是对虚账户而言。虚账户结账的账务处理程序如下：

先分别作收入和费用账户的结账分录。

结转收入账户是将收入转到"本年利润"账户，记在贷方。对于制造业来说，所涉及的全部收入结账分录如下：

借：主营业务收入
　　其他业务收入
　　投资收益
　　其他业务收入
　　贷：本年利润

结转费用账户是将费用转到"本年利润"账户，记在借方。对于制造业来说，所涉及的全部费用结账分录如下：

借：本年利润

　　贷：主营业务成本

　　　　其他业务成本

　　　　营业税金及附加

　　　　管理费用

　　　　销售费用

　　　　财务费用

　　　　营业外支出

　　　　所得税费用

再将结账分录转入"本年利润"账户。上述收入和费用的结账分录分别过入到"本年利润"账户，借贷相抵后，如果收入合计数大于费用合计数，其差额就是净利润；如果收入合计数小于费用合计数，其差额就是亏损额。

企业如有净利润再将其转入"利润分配"账户的贷方；如发生亏损则将其转入"利润分配"账户的借方。有了利润企业还可以根据相关规定进行利润分配。未分配完毕的利润则转入下一会计年度，作为所有者权益的一个部分。

实账户的结账方法前已述，此处不再赘述。

在结出实账户和结平虚账户后，就可以编制结账后的试算表了。这时只有实账户是有余额的，而且又都是资产、负债账户，所以结账后的试算表实际上就相当于资产负债表了。至此，一个完整的会计循环就结束了。

需补充说明的是：对于虚账户的结账，在每个会计年度的每个月里只在工作底稿上进行，不做结账分录，也不结平每一个账户。只有到了会计年度末，才做结账分录，结清收入和费用这一类账户。我们把通过编制结账分录并过入到相应账户中去以结平虚账户的方法，称为账结法；而把不编制结账分录，只是在工作底稿上进行结账的方法，称为表结法。换言之，每月末只是在工作底稿上进行，只作表结，只有到了会计年度末才在账户上进行，作账结。这样做的目的是为了使各账户能完整地反映一个会计年度的企业经营成果。

知识拓展

西方教科书在介绍会计循环时，在结账后试算表步骤之外，一般要求编制转回分录，也就是将跨期调整的账项作冲回处理（即账项调整分录的反向分录），待下一会计期间该账项调整发生时，可以不考虑上期是否已计提部分费用或收入，以减少会计处理过程可能出现的差错。

本章小结

前面章节中介绍了账户的设置、复式记账的方法、会计凭证及账簿等有关知识。这些按照一定程序依次继起的账务处理方法称为会计循环；收付实现制和权责发生制是何时确认收入、费用或资产、负债等，它是会计确认的时间基础。收付实现制是以现金的实际收付作为确认收入和费用的标准。权责发生制是以现金的应收应付作为确认收入和费用的标准。实行权责发生制期末要进行账项调整；工作底稿是会计循环的组成部分，编制工作底稿有利于更好的理解利润表和资产负债表的内容。

思考题

1. 如何理解会计循环？
2. 收入和费用的收支期间和应归属期间的概念。
3. 收付实现制和权责发生制的含义和应用。账项调整的应用。
4. 编制工作底稿的意义。
5. 什么是结账？"账结"和"表结"有何区别？

本章参考文献

［1］吴水澎，会计学原理［M］．辽宁：辽宁人民出版社，2008：130－133.

第五章

利润表

【教学目标】通过本章教学掌握费用的确认、计量、记录的基本原理和遵循的原则；掌握收入的确认、计量、记录的基本原理和遵循的原则；掌握利润的确认与计量；在上述基础之上掌握多步式利润表的编制。

【教学要求】通过本章教学掌握费用、收入、利润的确认、计量、记录的基本原理和遵循的原则，并会实际应用；掌握产品成本的核算原理；掌握配比原则；掌握多步式利润表的基本结构和编制。

案例导读

琼民源事件

"琼民源"，全称海南现代农业发展股份有限公司，曾经是中国股市 1996 年最耀眼的"大黑马"之一，股价全年涨幅高达 1059%。后因被指控制造虚假财务会计报告而受到调查。经过一年多的调查发现，"琼民源"1996 年年报中所称的 5.71 亿元利润中，有 5.66 亿元是虚增的，虚增了资本公积金 6.57 亿元。虚增利润主要来源于：（1）将合作方香港冠联置业公司投入的股本及合作建房资金 1.95 亿元确认为收入；（2）通过三次循环转账手法，虚构收到转让北京民源大厦部分开发权 2.7 亿元；（3）向开源公司转让民源大厦未建的商场经营权所获得的 5000 万元确认为收入；（4）将收到合作者的民源大厦的建设补偿费 5100 万元确认为收入；（5）从北京市富强新技术开发公司取得的厂房经营收入 3000 万元确认为收入。上述虚构的结果导致公司的固定资产、在建工程、无形资产都大幅度增加，使其利润由 1995 年的 67 万元"猛增"至 1996 年的 5.7093 亿元，净资产收益率由 1995 年的 0.034 元/股增加到 1996 年的 21.51 元/股，股票价格也由 3 元飙升至 30 多元。再对报表利润的结构分析，也不难发现琼民源利润总额是主营业务收入的 34 倍，琼民源的利润增长点不在于主营业务收入。面对这些人为的利润调整和不正常的数据，承担琼民源 1996 年度会计报表审计业务的中华会计师事务所，出具了含有严重虚假内容的审计报告，误导了投资者，在社会上造成了恶劣的影响。

摘编自：中国审计网资料

收入、费用和利润是会计的三个基本要素。再对费用作进一步的对象化，就形成产品的成本。成本亦在本章介绍。

为编制利润表，先要分别介绍收入、费用和利润的相关知识。

第一节　费用的确认、计量和记录

在介绍费用、成本之前，先要介绍产品制造业的生产经营过程。

产品制造企业的生产经营过程是由三部分构成的，即供应过程、生产过程和销售过程。在企业的生产经营过程中，其有关资产依着这三个过程，不断地变换着存在形式，循环周转。

在供应过程企业动用货币资金购买原辅材料，以保证生产的进行。随着生产的进行，又需要不断补充原辅材料，以使生产不间断。生产过程既是产品的制造过程，又是物化劳动和活劳动的消耗过程。消耗原辅材料发生材料费用，生产工人消耗活劳动发生工资费用，使用厂房设备发生折旧费用等。这些构成了产品的成本。企业将所生产的产品销售出去，办理了结算手续，并收回货款则意味着销售过程完成。产品制造企业依着上面的三个过程，不间断地进行着生产经营活动，周而复始，形成一个又一个的经营周期。

一、费用的概念及分类

（一）费用的概念及特征

费用是指企业在日常活动中发生的，会导致所有者权益减少，与向所有者分配利润无关的经济利益的总流出。

根据费用的概念，它有如下特征：

1. 费用是企业在日常生产经营活动中发生的经济资源的耗费。费用是企业在日常生产经营活动中发生的经济利益的流出，不是从偶发的交易或事项中的经济利益的流出。产品制造企业购买原材料使得经济利益流出，这是在日常生产经营活动中形成的，属于费用，而出售设备发生的固定资产净损失则是偶发事项，不属于费用；

2. 费用发生会导致资产减少。企业用其资产支付了费用，就会使得其资产减少；

3. 费用发生会导致所有者权益减少。企业用其资产支付了费用，使得其资产减少的同时，也会使得其所有者权益减少；

4. 费用是与向所有者分配利润无关的经济利益的总流出。企业向所有者分配利润导致其经济利益流出，不属于费用的范畴。

（二）费用的分类

下面以生产过程介绍费用的分类。

制造企业在生产产品时会发生资金耗费。把直接发生在产品生产过程中的各种资金耗费称为生产费用。例如生产过程中消耗的原辅材料的费用、发生的生产工人工资等即是；把发生在组织和管理整个企业生产经营活动的资金耗费称为管理费用。例如企业行政管理部门发生的工资费用、行政办公大楼计提的折旧费等即是；把发生在产品销售过程中的资金耗费称为销售费用。例如广告费用、设置销售办事处的费用、销售人员的工资等即是；把发生在资金筹措过程中的资金耗费称为财务费用。例如向银行借款的手续费用、利息费用等即是。

上面的生产费用是为生产产品而发生的，要由企业所生产的产品负担，并且通过产品销售取得销售收入补偿。所以生产费用必须按照其所生产的产品加以对象化，变成产品的成本，再进行补偿。而管理费用、销售费用及财务费用是为了获取某一个会计期间的收益而发生的，它与该期的管理活动、销售活动及筹资活动相关，要由该期的收益补偿。

生产费用按照它和产品之间的关系可以分为两种。一些生产费用是专门为生产某种产品而发生的，发生时就能够确定由哪种产品负担；而一些生产费用是为生产多种产品共同发生的，应由生产的多种产品共同负担。该费用发生时不能确定哪种产品负担多少，要在以后按一定的程序和分配标准分配后才能确定哪种产品负担多少的生产费用。我们把上述企业为生产某种产品发生的，可以直接归属并由该产品负担的生产费用称为直接费用；把企业为生产多种产品而共同发生的，费用发生时无法直接归属于某种产品负担，须经过一定程序、采用一定标准分配后才能归属于某种产品负担的生产费用称为间接费用。例如直接用于生产某产品的材料费用、人工费用等属于直接费用；为多种产品共同负担的某种材料费用、车间管理人员的工资费用等属于间接费用。

将上面发生的资金耗费归结如下，如图 5-1 所示。

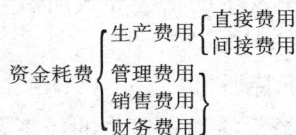

$$资金耗费\begin{cases}生产费用\begin{cases}直接费用\\间接费用\end{cases}\\管理费用\\销售费用\\财务费用\end{cases}$$

图 5-1　资金耗费

二、费用成本的确认原理

费用只有在经济利益很可能流出从而导致企业资产减少或者负债增加、且经济利益的流出额能够可靠计量时才能予以确认。

在会计分期的前提条件下，何时确认费用、成本标准如下。

按照权责发生制的原则确认本期的费用成本。如前所述，费用的实际支付期间和应归属期间可能存在着差异。有的先受益，后支付；有的先支付、后受益，所以必须进行账项调整，使得其符合权责发生制的会计原则。

按照划分收益性支出和资本性支出的标准确认本期的费用、成本。收益性支出是指某项资金耗费的发生仅仅是为了取得本期的收益或与取得本期收益有关而必须列入到本期损益的资金耗费。例如生产产品发生的原辅材料费用、生产工人的工资费用等。它们的耗费都是仅与本期有关，必须列入本期损益的资金耗费。资本性支出是指某项资金耗费的发生不仅为取得本期的收益，而且与取得本期以及以后各毗邻会计期间的收益都直接相关，应当由本期以及以后各期共同负担，分别计入各该会计期间的资金耗费。例如购买机器设备的费用，不仅由购买期间负担，而且要由购买期间及以后的各受益会计期间负担。

上面的费用有些可以按照一定的对象（即产品）归集，有些则不能按照一定的对象归集。可以按照某一对象归集、计算的费用，就形成了该对象的成本。所以成本是对象化了的费用。企业为生产产品消耗的原辅材料可以对象化为某一产品负担，而发生的销售费用则不能对象化为某一产品负担，则作为期间费用处理。

三、费用的计量

费用计量属于会计计量的范畴。会计计量贯穿于会计核算的整个过程。

（一）会计计量

企业的生产经营活动是多种多样、错综复杂的，为了综合反映企业的各项经济活动，需要涉及计量尺度和计量属性问题。

会计计量以货币作为主要计量尺度提供会计信息。我国现行的《会计法》规定以人民币作为记账本位币进行会计核算。企业在以价值量作为主要计量尺度的同时，有必要时也以实物量度和劳动量度作为补充。

在第一章由于初次涉及会计学的内容，只是通过例子简要介绍了会计计量的内容，没有给出其确切的定义。会计计量是用货币或其他量度单位从数量角度计算、衡量和描述各项经济业务，例如用货币等计算、衡量和描述资产、负债、所有者权益、收入、费用等经济业务的发生情况和结果。

计量属性反映的是会计要素金额确定的基础。企业应当按照《企业会计准则》规定的计量属性进行计量，确定相关金额。我国现行《企业会计准则》规定会计计量属性主要包括：历史成本、重置成本、可变现净值、现值及公允价值。

1. 历史成本

在历史成本计量下，资产按照购置时支付的现金或现金等价物的金额，或者按照购置资产时所付出的对价的公允价值计量。负债按照因承担现时义务而实际收到的款项或资产的金额，或者承担现时义务的合同金额，或者按照日常活动中为偿还负债预期需要支付的现金或现金等价物的金额计量。例如某制药企业购置固定资产，购置时支付 10 万元，按照历史成本计量时其价值为 10 万元。

知识拓展

对价是指当事一方在获得某种利益时，必须给付对方相应的代价。

2. 重置成本

在重置成本计量下，资产按照现在购买相同或者相似资产所需要支付的现金或现金等价物的金额计量。负债按照现在偿付该项债务所需支付的现金或者现金等价物的金额计量。例如某制药企业要购置与现在某一新旧程度相当或功能相当的设备需要花费 12 万元，该金额就是这台设备的重置成本。

3. 可变现净值

在可变现净值计量下，资产按照其正常对外销售所能收到的现金或现金等价物的金额扣减该资产至完工时估计将要发生的成本、估计的销售费用以及相关税费后的金额计量。例如某制药企业销售其多余的固定资产所收到的金额减去为此发生的相关费用（如运输费）、税金等之后的余额就是该固定资产可变现的净值。

4. 现值

在现值计量下，资产按照预计其持续使用和最终处置中所产生的未来净现金流量的折现金额计量。负债按照预计期限内需要偿还的未来净现金流量的折现金额计量。

5. 公允价值

在公允价值计量下，资产和负债按照在公平交易中，熟悉情况的交易双方自愿出价进行资产交换或者负债清偿的金额计量。公允价值计量属性的最大特点是以此计量资产或负债，在每一个会计期间的公允价值上下变动的部分，包括初始成本的增值部分，应当立即计入当期损益。

现行《企业会计准则》规定，企业在对会计要素进行计量时，一般采用历史成本，采用重置成本、可变现净值、现值、公允价值计量时，应当保证所确定的会计要素金额能够取得并可靠计量。

现行《企业会计准则》确定了上述五种计量属性。历史成本不再是唯一的、主要的计量属性，公允价值计量属性全面地引入，意味着会计不再一味记录过去，而且需要面向未来。

案例导读

会计计量属性对投资者的重要性

某上市公司几年前花 5000 万元投资的房产，现在涨至 1 亿元，如果该公司采用历史成本计量属性，其财务报表反映的房产价值仍为 5000 万元，不会带来利润，如果采用公允价值计量属性，房产价值则增至 1 亿元，同时带来 5000 万元利润。这说明企业选用的会计计量属性不同，将会对其财务报表中反映的财务状况和经营业绩产生重大影响。

摘编自：新浪网

（二）费用计量

费用计量是用货币或其他量度单位从价值、数量等角度计算、衡量和描述各种费用发生的情况和过程。

会计计量时要涉及计量属性。费用计量也应当按照现行《企业会计准则》规定的计量属性进行计量，确定其金额。

四、费用的归集

产品制造企业的生产经营过程包括供应过程、生产过程和销售过程三个部分。在此过程发生的费用归集包括采购成本的归集、计算；生产成本的归集、计算及销售成本的归集、计算。

（一）采购成本的归集、计算

产品制造企业在产品生产之前要及时、按质按量采购原材料，保证产品生产所需。

购买原材料，应按照合同规定或约定的结算办法，依据供货方开出的发票价格，即原材料的买价支付货款。同时在购进时可能还需要支付采购费用。采购费用一般包括运输费用、装卸费用、运输途中保险费用、运输途中原材料发生的合理损耗等。上述买价和采购费用构成原材料的采购成本。

制造企业采购的原材料的成本，通过设置总分类账"原材料"账户，记录和反映全部原材料的数额及其增减变动情况。同时还要根据需要按照其种类、品名、规格、保管地点等分设各种原材料的明细分类账，进行登记。

由于原材料在采购时其买价和采购费用并非同时发生，有时还会同时采购不同种类的原材料，这样还会涉及采购费用的分摊问题。因此为了便于计算确定原材料的采购成本，在原材料的采购成本尚未发生完毕，通过设置"材料采购"账户，在该账户的借方进行核算；待购入的原材料采购成本发生完毕、能够确定时，再由"材料采购"账户转入"原材料"账户，记在"原材料"账户的借方。下面举例说明原材料的采购核算。

【业务 1】某制药企业采购原材料 20 吨，每吨 3000 元，用银行存款支付原材料的价款。

原材料的采购成本没有核算出来之前，记在"材料采购"账户的借方。

借：材料采购　　60,000
　　贷：银行存款　　　　60,000

【业务2】为采购该批原材料需承担运输费用2000元，现金支付。

借：材料采购　　2,000

贷：库存现金　　　2,000

【业务3】该批原材料所有采购费用发生完毕，则结转原材料的采购成本。

原材料的采购成本发生完毕，则由"材料采购"账户转入"原材料"账户：

借：原材料　　　62,000

贷：材料采购　　　62,000

（二）产品生产成本的归集、计算

产品生产成本的计算要以产品生产制造过程中的实际资金耗费为标准进行，并采用一定的方法计算产品生产成本。

1. 确定产品生产成本的计算对象

产品生产成本要有一定的归集对象。成本计算对象是指生产费用的承受客体。即生产费用由谁承担。明确成本计算对象是归集和计算生产费用和产品生产成本的前提。

产品生产成本的计算对象是企业劳动者借助劳动资料进行加工制造的直接对象也就是产品。在加工制造过程中，由于加工制造的程度不同，产品又可分为最终产品或产成品、中间性产品或半成品。最终产品是最终被消费者消费的产品；产成品是在某一制造企业的每一道工序都制造完毕，检验合格，已入产成品库，随时可以对外销售的产品；中间性产品是在某一制造企业的某一道工序上正在加工制造的产品；半成品是在某一制造企业的某一道工序上加工制造完毕，检验合格，等待进入下一道工序进行加工的产品。它们都可以作为生产费用的承受客体。

2. 确定产品生产成本的计算期

确定产品生产成本计算期就是要确定在什么时间计算产品的生产成本。按照权责发生制原则要将生产该产品所发生的所有生产费用都归由该产品负担，因此要求产品成本计算期要与产品的生产周期相一致。对于有些产品其成本计算期可以和其生产周期相一致，但对于不断投料、不断产出的企业来说，不能将其生产周期作为产品成本计算期。因此在实际中，产品生产成本的计算期的确定有两种：一是以产品生产周期作为成本计算期。按照权责发生制原则，对于房地产行业、造船行业均以产品生产周期作为成本计算期；二是以会计报告期作为成本计算期。即以年份作为产品成本计算期。对于不断投料、不断产出的制药行业、机械行业等均以会计报告期作为产品成本计算期。

3. 确定产品生产成本应包括的生产费用项目

对于制造业来说，由于产品的生产成本就是产品的制造成本，将生产费用按照经济用途分类就成为成本项目。

成本项目包括：直接材料、直接人工和制造费用。直接材料是指直接用于产品生产并构成产品实体的各种原材料以及有助于产品形成的各种辅助材料。例如阿司匹林肠溶片的主要原料为阿司匹林,其辅料为淀粉等。它们都构成产品的直接材料。直接人工是指直接对产品进行制造加工的生产工人的工资薪酬。例如直接对某药品进行加工的生产工人的工资薪酬。制造费用是指产品生产过程中发生的,不能直接归属于某个成本计算对象负担的共同性的生产费用。例如当生产车间同时生产的产品不止一种时,生产车间管理人员的工资薪酬、车间的财产保险费,车间固定资产的折旧费等均属制造费用,要由该车间生产的多种产品负担。产品的生产成本须按上述三个项目进行归集、核算。

4. 生产费用的归集和分配

成本计算是指产品制造业将所发生的生产费用按照一定的成本计算对象,采用适当的标准进行归集和分配,从而确定各成本计算对象的总成本和单位成本。成本计算过程就是归集和分配生产费用的过程。生产费用的核算包括生产费用的归集和分配。

归集和核算生产费用应遵循的原则:

一是必须将资金耗费按照生产费用和期间费用分别进行归集、核算。

为生产产品发生的费用应当归集到与生产费用有关的账户中去;不为生产产品而发生的费用,应分别归集。与企业的组织和管理有关的费用归集到"管理费用"账户中;与产品的销售有关的费用归集到"销售费用"账户中;与筹措资金有关的费用归集到"财务费用"账户中。

二是须按照生产费用和产品成本计算对象之间的关系分别设置有关账户归集。

企业生产多种产品时,生产费用按照它与成本计算对象之间的关系分为直接费用和间接费用。按此分类,将生产费用先归集——分别归入直接费用和间接费用。对于直接费用,费用发生时直接按照具体的成本计算对象设置"生产成本"账户核算,记入该账户的借方。例如生产某产品消耗某种原材料,该费用直接归由该产品负担,记入"生产成本——基本生产成本——某产品——直接材料"账户的借方;对于间接费用,则是先归集——归集到"制造费用"账户,记入该账户借方,然后再分配。将归集到"制造费用"账户的间接费用在不同的成本计算对象之间进行分配;再将归集到某一具体成本计算对象的所有间接费用在完工产品和在产品之间进行分配。上述费用在分配时均须遵循受益原则进行。

5. 正确选用成本计算方法

成本计算方法的选用受到生产特点和管理要求的影响。生产特点不同,其成本管理的要求亦不同,进而选择的成本计算方法亦不同。企业的生产特点又受到生产工艺过程和生产组织的类型的影响。产品制造企业的生产工艺过程分为单步骤生产和多步骤生产。单步骤生产在工艺上要求不能间断,或者不便于分散在不同地点进行生产,或者须连续不断的生产。例如电的生产等。多步骤生产在工艺上要求可以间断,或者生产过程可以分散在若干个生产车间、经过若干个生产步骤进行,例如药品的生产等。产品制造企业的生产组织类型分为大量生产、成批生产及单件生产。大量生产是指企业重复不断的大量生产某一产品。例如火力发电即是。成批生产是指企业按照订单或指令规定数量的产品生产。例如按照客户的订单生产一定数量的药品。单件生产则是根据客户的需要对某一产品进行的生产。例如按照制药企业的需要定制药品的生产设备等。在产品制造企业，生产工艺过程和生产的组织类型是结合起来的。

不同的产品制造企业其对管理要求也是不同的。有的企业只是对最终的完工产品按照品种和批别考核成本；有的企业则要求分别考核在产品、半成品和产成品的成本。后者需要分别计算不同生产步骤的成本消耗情况，考核要求较高。

将上面的企业生产特点和成本管理要求结合起来，就有多种产品的成本计算方法。会计学原理部分以较简单的简单法为例说明产品成本的计算方法。

6. 编制产品成本计算表——产品成本计算的最后步骤

将生产费用按照产品成本计算对象归集、分配，此时本期发生的生产费用就成为各个具体成本计算对象的成本了。将归集、分配的结果登记到按照产品成本计算对象设置的明细账当中去，就可以按照产品成本计算对象和具体的成本项目编制成本计算表，通过成本计算表计算产品生产的总成本和单位成本。成本计算表如表5－1所示。

表5－1 　　　　　　　　　　　成本计算表

成本项目	A产品		B产品	
	总成本	单位成本	总成本	单位成本
直接材料 直接人工 制造费用				
合　计				

（三）销售成本的归集、计算

销售费用是产品制造企业在销售过程当中所发生的各项费用。包括运输费、装卸搬运费、包装费、广告费、展览费、设销售机构的费用等。企业发生销售费用时，通过设置"销售费用"账户进行核算，记在该账户的借方，意味着费用增加。

例如，某制药企业发生广告费用200,000元，银行存款支付。

该项业务发生使得该企业销售费用增加，银行存款减少。据此作如下会计分录：

借：销售费用　　　200,000
　　贷：银行存款　　　　　　200,000

五、费用、成本的记录、核算

前面明确了费用、成本的确认计量原理，下面通过设置账户将费用、成本确认、计量和计算的结果在账户中进行记录。

（一）费用、成本核算的账户设置

为归集、核算费用、成本，须设置费用、成本账户。

1. "材料采购"账户

"材料采购"账户属于资产类账户。该账户是用来核算和反映企业购买原材料的买价、发生的原材料采购费用，并确定各种原材料采购成本。发生各种原材料的买价及采购费用时记在该账户的借方。原材料的采购成本发生完毕，转入"原材料"账户时，以其采购的实际成本记入贷方。该账户结转后期末无余额。它可以按照供应单位、产品品种设置明细账。

2. "原材料"账户

"原材料"账户属于资产类账户。该账户用来核算企业库存的各种原材料，包括原料及主要材料、辅助材料、外购半成品（外购件）、修理用备件（备品备件）、包装材料、燃料等的计划成本或实际成本。企业购入并验收入库的材料以计划成本或实际成本记入借方，意味着原材料增加。在原材料被领用（发出）、销售时以计划成本或实际成本记入贷方，意味着原材料减少。该账户一般为借方余额，表示库存的原材料的计划成本或实际成本。它可以按照材料类别、品种和规格、材料保管地点等设置明细账。

3. "生产成本"账户

"生产成本"账户属于成本类账户。该账户用来核算和反映工业性生产所发生的各项生产成本，包括生产的各种产品（包括半成品、自制半成品等）、自制材料、自制工具、自制设备等。企业发生的由产品负担的生产费用包括直接费用和间接费用均在此账户核算。企业发生各项生产费用时记在该账户的借方。产品或自制半成品完工入库时按应负担的成本数记在该账户的贷方。该账户一般期末为借方余额，表示期末尚未制造完工、需要在以后期间继续加工的在产品的成本数。它按照基本生产车间和成本核算对象（产品品种、类别、订单、批别、生产阶段等）设置明细账，并按规定的成本项目（直接材料、直接人工和制造费用）设专栏进行核算。

4. "制造费用"账户

"制造费用"账户属于成本类账户。该账户用来核算和反映企业为生产产品发生的，发生时不能直接对象化为某种产品负担的，需要归集后再按照一定的标准分配给各成本计算对象负担的间接生产费用。包括企业发生的车间管理人员的工资薪酬；车间的固定资产折旧费和修理费；车间的办公费、水电费、劳动保护费、机物料消耗；季节性停工损失等。企业在生产过程中发生各项间接生产费用时记在该账户的借方。在会计期末按照一定的标准分配生产费用（该生产费用在本期生产的各种受益产品之间进行分配）时记在该账户的贷方，也就是由"制造费用"账户转入"生产成本"账户时记在"制造费用"账户的贷方。该账户期末结转后无余额。它可以按照费用项目、生产车间、生产部门设置明细账。

5. "管理费用"账户

"管理费用"账户属于损益类账户。该账户用来核算和反映企业的行政管理部门为组织和管理整个企业的生产经营活动而发生的各项费用。包括企业筹建期间的开办费、董事会费；行政管理部门的公司经费（行政管理部门的职工薪酬、物料消耗、低值易耗品摊销、办公费和差旅费等）、工会经费、董事会费（包括董事会成员津贴、会议费和差旅费等）、聘请中介机构费、咨询费（包括顾问费）、诉讼费、业务招待费、技术转让费、研究费用、排污费；企业生产车间（部门）和行政管理部门等发生的固定资产修理费用等后续支出；房产税、车船使用税、土地使用税、印花税等也在此账户中核算。上述费用、税金发生时记在该账户的借方。转入"本年利润"账户时记在该账户的贷方。该账户期末结转后无余额。它可以按照费用项目设置明细账。

6. "销售费用"账户

"销售费用"账户属于损益类账户。该账户用来核算和反映企业在产品销售过程中所发生的各项费用。包括运输费、装卸搬运费、包装费、保险费、广告费、展览费；以及企业设销售机构的费用及销售人员的工资薪酬；预计产品质量保证损失；商品维修费等。上述费用发生时记在该账户的借方。转入"本年利润"账户时记在该账户的贷方。该账户结转后期末无余额。它可以按费用项目设置明细账。

7. "财务费用"账户

"财务费用"账户属于损益类账户。该账户用来核算和反映企业在生产经营资金筹措活动中所发生的各项费用。包括企业与银行结算的手续费；向银行借款所支付的利息费用；在银行存款所取得的利息收入；企业在收取或支付其他货币时，由于汇率变动而取得的得利或造成的损失；企业发生的现金折扣或收到的现金折扣。上述费用发生时、或汇率变动造成的损失、或发生现金折扣时记在该账户的借方。取得银行存款的利息收入、或汇率变动产生的收益、或收到现金折扣时记在该账户的贷方。该账户的借方和贷方的差额转入"本年利润"账户，结转后期末无余额。它可以按照费用项目设置明细账。

8. "应付职工薪酬"账户

"应付职工薪酬"账户属于负债类账户。该账户核算的是企业根据有关规定应该支付给职工的各种薪酬。

职工薪酬是指企业为获得职工提供的服务而给予的各种形式的报酬及其相关支出。包括职工工资、奖金、津贴和补贴；职工福利费；医疗保险费、养老保险费、失业保险费、工伤保险费和生育保险费等社会保险费；住房公积金。上述企业为职工缴纳的社会保险费和住房公积金，应当在职工为其提供服务的会计期间，根据工资总额的一定比例计算；工会经费和职工教育经费；非货币性福利。如无偿提供的住房、免费医疗保健服务等；因解除与职工的劳动关系给予的补偿，即辞退福利；其他与获得职工提供的服务相关的支出，如带薪的探亲假等。

"应付职工薪酬"账户的贷方登记本月实际发生的应付职工薪酬，即登记本月应该支付而尚未支付的职工薪酬。借方登记本月实际支付的职工薪酬。该账户期末一般为贷方余额，表示企业应付而未付的职工薪酬；如期末出现借方余额则表示企业溢付的职工薪酬。该账户可以按照"工资"、"职工福利"、"社会保险费"、"住房公积金"、"工会经费"、"职工教育经费"、"非货币性福利"、"辞退福利"、"股份支出"等设置明细账。

9. "固定资产"账户

"固定资产"账户属于资产类账户。该账户用来核算企业持有的固定资产原值。企业购置计算机硬件所附带的未单独计价的软件，亦通过此账户核算。由于企业固定资产的初始状况不同，其成本核算也不同。企业外购的固定资产，其成本包括买价、相关税费、固定资产达到预定可使用的状态前所发生的可归属于该项固定资产的运输费、装卸费、安装费和专业人员服务费等；企业购入融资性质的固定资产按照购入价款的现值核算成本；企业自行建造的固定资产，其成本由建造该项固定资产达到预定可使用状态前所发生的必要支出构成；融资租入固定资产按照固定资产的公允价值与最低租赁付款额的现值的较低者，加上初始直接费作为其成本。

上述购入或自行建造或融资租入固定资产时按规定的成本记入该账户的借方。处置固定资产时，按照账面原值记入该账户的贷方。该账户一般期末为借方余额，反映的是固定资产的原值。它可以按照固定资产的类别和项目设置明细账。有融资租入固定资产的，可设"融资租入固定资产"明细账。

知识拓展

初始直接费是指出租人在协商和安排租赁的过程中，经常会发生一些直接费用。如经纪人费、律师费和佣金等。

10. "累计折旧"账户

"累计折旧"账户属于资产类账户。该账户是用来核算企业固定资产的累计损耗价值。企业按月计提固定资产折旧时记入该账户的贷方。处置固定资产时，按固定资产的已提折旧记入该账户的借方。该账户一般期末为贷方余额，反映固定资产的累计折旧额。

11. "库存商品"账户

"库存商品"账户属于资产类账户。该账户反映企业按照实际成本或计划成本核算的各种库存商品的价值。包括库存的产成品、外购商品、存放在门市部准备出售的商品、发出展览的商品及寄存在外的商品等。接受来料加工制造的代制品、为外单位加工修理的代修品，在制造和修理完成验收入库后，视同企业产成品，亦通过该账户核算。企业生产的产成品一般按照实际成本核算。企业生产完成，验收入库的产成品按照实际成本记入该账户的借方。企业对外销售产成品时记入该账户的贷方。该账户一般期末为借方余额，反映企业库存商品的实际成本或计划成本。它可以按照库存商品的种类、品种、规格设置明细账。

（二）费用、成本核算举例

某制药企业某年12月份经济业务如下：

【业务1】该企业采购原材料，其中采购的甲材料买价为200,000元，乙材料买价为 300,000 元。两种材料应交增值税额为 85,000 元。材料验收入库，银行存款支付。

该项业务发生由于原材料的采购成本尚未发生完毕，不能核算其采购成本，故应先记入"材料采购"账户。企业在采购原材料时需要缴纳增值税，该部分税金为增值税的进项税额部分。若以该原材料为原料生产产品并销售，也需要缴纳增值税，该部分税金为增值税的销项税额部分，企业实际缴纳税额为销项税额部分与前面已缴纳的进项税额部分的差。该业务的账务处理如下：

借：材料采购——甲材料   200,000

          ——乙材料   300,000

    应交税费——应交增值税（进项税额） 85,000

    贷：银行存款   585,000

【业务2】采购上述原材料时，发生运杂费共计 40,000 元。其中以银行存款支付 39,000 元，现金支付 1,000 元。该运杂费按照甲乙两种材料的买价进行分配。

运杂费在两种产品间的分配率 = 40,000/（200,000 + 300,000）= 0.08

甲材料分摊的运杂费 = 200,000 × 0.08 = 16,000 元

乙材料分摊的运杂费 = 300,000 × 0.08 = 24,000 元

该业务的账务处理如下：

借：材料采购——甲材料   16,000

          ——乙材料   24,000

    贷：银行存款   39,000

        库存现金   1,000

【业务3】结转上述材料采购成本。

结转业务的账务处理如下：

借：原材料——甲材料   216,000

        ——乙材料   324,000

    贷：材料采购——甲材料   216,000

           ——乙材料   324,000

【业务4】该企业开出银行转账支票 5,500 元，购买办公用品，其中管理部门 3,500 元，生产车间 2,000 元。

管理部门发生的费用，记入"管理费用"账户；生产车间发生的共同性的费用，记入"制造费用"账户。该业务账务处理如下：

借：管理费用   3,500

    制造费用   2,000

    贷：银行存款   5,500

【业务5】企业办公室王主任出差暂借差旅费 2,000 元。现金支付。

暂借的差旅费，属于企业的资产，应在资产类账户"其他应收款"账户中进行

核算。该业务账务处理如下：

借：其他应收款——王主任　　2,000

贷：库存现金　　　　　　　　　　2,000

【业务6】本月生产领用原材料如下：领用甲材料80,000元，用于生产A产品；领用乙材料100,000元，用于生产B产品；领用丙材料10,000元，为A、B两种产品共用。

领用的甲、乙两种材料能够分别对象化为A、B两种产品负担，故应记入"生产成本"账户；领用的丙材料为A、B两种产品共用，故应记入"制造费用"账户。该业务账务处理如下：

借：生产成本——基本生产成本——A产品——直接材料　80,000

　　　　　　——基本生产成本——B产品——直接材料 100,000

　　制造费用　　　　　　　　　　　　　　　　 10,000

贷：原材料——甲材料　　　　　　　　　　　80,000

　　　　　——乙材料　　　　　　　　　　 100,000

　　　　　——丙材料　　　　　　　　　　　10,000

【业务7】经核算，本月应付的职工薪酬如下：A产品生产工人的薪酬60,000元，B产品生产工人的薪酬90,000元，车间管理人员的薪酬30,000元，管理机构人员的薪酬80,000元，销售人员的薪酬100,000元。

本月应付的职工薪酬应记入与其相应账户的借方，职工薪酬应付而未付使企业负债增加，应记入"应付职工薪酬"账户的贷方。该业务账务处理如下：

借：生产成本——基本生产成本——A产品——直接人工　60,000

　　　　　　——基本生产成本——B产品——直接人工　90,000

　　制造费用　　　　　　　　　　　　　　　30,000

　　管理费用　　　　　　　　　　　　　　　80,000

　　销售费用　　　　　　　　　　　　　　 100,000

贷：应付职工薪酬　　　　　　　　　　　360,000

【业务8】企业办公室王主任出差归来，报销差旅费2,300元。由王主任代垫部分补给现金。

办公室主任的差旅费记入"管理费用"账户。该业务账务处理如下：

借：管理费用　　　　　2,300

贷：其他应收款——王主任　2,000

　　库存现金　　　　　300

【业务9】开出转账支票支付水电费56,000元，其中管理部门用水电费8,000元，生产部门用水电费48,000元。

该业务账务处理如下：

借：管理费用　　　8,000
　　制造费用　　　48,000
　　贷：银行存款　　　　　56,000

【业务10】提取本月固定资产折旧 68,000 元，其中管理部门固定资产折旧 26,000 元，生产车间固定资产折旧 42,000 元。

该业务账务处理如下：

借：管理费用　　　26,000
　　制造费用　　　42,000
　　贷：累计折旧　　　　　68,000

【业务11】摊销在年初支付，应由本月负担的财产保险费 10,000 元，其中管理部门财产保险费 2,000 元，生产车间财产保险费 8,000 元。

支付在先，受益在后的费用应通过资产类账户"预付账款"账户进行核算。该业务账务处理如下：

借：管理费用　　　2,000
　　制造费用　　　8,000
　　贷：预付账款　　　　　10,000

【业务12】月末计提向银行借款的利息支出 4,000 元。

有些银行的借款利息是在季末或年末结算，并用银行存款支付的。计提银行借款利息，记入"财务费用"账户的借方。同时记入"其他应付款"账户的贷方。

该业务账务处理如下：

借：财务费用　　　4,000
　　贷：其他应付款　　　4,000

【业务13】月末，按两种产品生产工人的工资薪酬比例在 A、B 两种产品之间分配本月所发生的制造费用。

上面例子中本月发生的制造费用总额通过计算可以得到是 140,000 元。A、B 两种产品生产工人的工资薪酬的分配率为 = 60,000/90,000 = 0.667。故 A 产品分到的制造费用为 56,000 元，B 产品分到的制造费用为 84,000 元。该业务账务处理如下：

借：生产成本——基本生产成本——A 产品——制造费用　56,000
　　　　——基本生产成本——B 产品——制造费用　84,000
　　贷：制造费用　　　　　　　　　　　　　　　　　140,000

【业务14】假设该企业月初无产品，本月投产的产品全部完工。生产 A 产品 100 公斤，生产 B 产品 200 公斤。计算并结转完工产品成本。

涉及产品生产成本的业务有【业务7】、【业务8】及【业务14】。根据上述业务的有关数据编制 A、B 两种产品的生产成本计算表，并结转完工产品成本。

表 5-2   成本计算表

成本项目	A 产品		B 产品	
	总成本	单位成本	总成本	单位成本
直接材料	80,000	800.00	100,000	500.00
直接人工	60,000	600.00	90,000	450.00
制造费用	56,000	560.00	84,000	420.00
合计	196,000	1960.00	274,000	1370.00

结转完工产品成本：

借：库存商品——A 产品　　196,000

　　　　　　——B 产品　　274,000

　　贷：生产成本——A 产品　　　196,000

　　　　　　——B 产品　　　274,000

根据上面会计分录过入到相应账户中，此步骤略。

第二节　收入的确认、计量和记录

企业进行生产经营活动的目的是为了获得收益。收益是企业在会计期间经济利益的增加。收益包括收入和利得。

收入是指企业在日常活动中形成的、会导致所有者权益增加的、与所有者投入资本无关的经济利益的总流入。

利得是指收入以外的其他收益。通常是从偶发的经济活动中取得的，属于不经过经营过程就能取得的，或不曾希望而获得的收益。如接受捐赠的收入等。它是一种偶发的收益，不构成收入。应将其与收入区别开来。

一、收入的概念和分类

（一）收入的概念及特征

收入的概念前已述。其中的日常活动是指企业为完成其经营目标所从事的经常性的活动及与之相关的活动。例如产品制造企业制造并销售产品是其日常活动；转让无形资产的使用权、出售不需用原材料等则属于与经常性活动相关的活动。

根据收入的概念，收入有如下特征：

1. 它是日常活动中形成的经济利益的总流入。换言之收入主要来源于日常经营活动，对于产品制造企业来说则主要来源于销售产品和提供劳务等。

2. 收入的取得会导致所有者权益增加。收入的取得会使得企业资产增加或着负债减少。在不增加负债或者不减少资产的情况下，都会使得所有者权益增加。

3. 收入的取得与投资者投入资本导致所有者权益增加无关。即投资者投入资本导致所有者权益增加不属于收入的范畴。

（二）收入的分类

对于产品制造企业来说，收入按照其主次分为主营业务收入、其他业务收入、投资收益和营业外收入。主营业务收入是指企业为实现经营目标而从其日常经营活动中的主要经营活动所取得的收入。它是根据企业法人营业执照注明的主要业务范围确定的。对于产品制造企业，销售产品和提供劳务的收入为其主营业务收入。这部分收入无论从数量上还是性质上都是产品制造企业的主要收入，它决定着企业经营效益的好坏。其他业务收入是指企业除了主营业务以外的其他日常活动及让渡资产的使用权所形成的经济利益的流入。对于产品制造企业，其他业务收入是指除了产品销售以外的其他销售或其他业务的收入。包括原材料、包装物销售的收入；出租业务的收入；无形资产转让的收入；用材料进行非货币性交换的收入；债务重组的收入等。其他业务收入也是企业收入的组成部分。主营业务收入和其他业务收入构成营业收入，它是企业销售产品、提供劳务等经营业务活动所实现的收入，是收入的主体。投资收益是企业对外投资取得的收益或发生的损失。它也是企业的收入之一。营业外收入是指与企业的生产经营活动没有直接关系的各种收入。它实际上并不是由企业经营资金耗费所产生的收入，企业不必为其付出代价，不可能也不需要与有关的费用相配比，它实际上是一种纯收入，应该与上面的营业收入严格区分。

> **知识链接**
>
> 债务重组是指在债务人发生财务困难的情况下，债权人按照其与债务人达成的协议或法院的裁定作出的让步事项。包括以资产清偿债务；将债务转资本；修改其他债务条件，如减少债务本金、减少债务利息等；还可以是上述三种方式的组合等。

二、收入的会计确认

（一）收入的确认标准

产品制造企业生产经营活动所取得的收入（同费用成本一样）是根据权责发生制原则和实现原则作为确认标准的。

1. 权责发生制原则

根据权责发生制原则确认企业的收入，不是以其是否收到现金作为确认标准的，而以企业是否具有收取该项收入的法定权利作为标准。即凡应该归属于本会计期间的收入，不管是否在本期收到款项，都应该作为本期的收入进行确认；反之，如果收入不归属于本期，其款项即使在本期收到，也不能作为本期的收入进行确认。

2. 实现原则

收入只有在经济利益很可能流入从而导致企业资产增加或着负债减少、且经济利益的流入额能够可靠计量时才能予以确认。

实现原则是对权责发生制原则的进一步补充。它具体规定了收入确定的时间，即在销售产品或提供劳务时确认收入。确认收入实现有两个基本条件：一是与赚取收入的有关交易行为已经发生或者产品的所有权已经发生转移。这意味着交易"物"（包括有形和无形的）发生了转移。二是收入的赚取过程实际上已经完成或者已经获得了在将来向买方收取货款的法定权利。这意味着收取了货款或者虽未收取货款但已取得在将来约定的时间收取货款的合法凭证。只有同时具备上述两个条件，才能确认收入实现，否则则不能确认收入实现。例如企业虽然预收了货款，但尚未提供产品；或者赊销产品，尚未收到货款，均不能确认收入实现。

（二）收入时点的确认

在不同的时点确认营业收入，会影响本期营业收入总额，进而影响本期利润总额。因此企业应按照现行《企业会计准则》的规定，根据本企业经营活动的特点，选择合适的时点确认营业收入。

对于营业收入时点的确认，有下面几种：

1. 在销售成立时确认收入。是以销售成立的时点作为确认收入的标志。在实际中只有产品销售时点，才具备收入实现的所必须的条件。

2. 在生产过程中按照完工程度确认收入。在某些特定的行业或企业，如造船行业或房地产行业。其生产周期比较长，完成一个生产周期往往要跨若干个会计年度，此时就不能以销售时点确认收入。对于船舶、房屋这类产品一般要根据与买方签订的具有法律效力的合同或协议进行生产。在产品生产之前或生产过程中，买方要预付货款，产品生产完成时，再付余款。因此企业可以根据合同金额及生产完成程度将预收的货款逐渐确认为收入，使得生产经营的收入比较均匀地分布在整个生产周期之中。

3. 以收到现金为标志确认收入。由于市场竞争的激烈，企业采用分期付款、委托代销等具有风险性的方式销售产品时，采用以收到现金为标志确认收入的实现。企业采用分期付款或委托代销方式销售时，一般根据与买方或委托方签订的或约定的结算方式及付款时间，在实际收到现金时确认收入实现。

上面三种收入时点的确认方法，与企业经营活动的特点有关，本书以产品制造企业为例论述，故选择产品销售成立的时点作为确认收入实现的标志。

二、收入的计量

企业在产品生产经营过程中所取得的收入，是以货币为单位进行计量、记录收入金额的，并以企业开给购货方的发票金额为准。但是产品在销售过程中会发生商业折扣、现金折扣、销售折让及销售退回等情况。发生现金折扣、销售折让和销售退回会使得营业收入减少，要从营业收入中扣减这部分款项。

商业折扣是指企业销售产品时，根据市场的竞争激烈程度和产品销售量的大小，给予购货方一定限度的折扣。它以售价按照固定比例扣减一定量的价款。一般购买的数量越多，扣率越大。企业发生商业折扣时，是以给过折扣的价格确定发票的价格，故会计上不需要再进行核算。

现金折扣是指企业采用赊销方式销售产品时，从企业经营资金筹集或减少风险等考虑，鼓励购货方在预定付款期限内早日付款，而从售价中根据实际付款情况按不同的比例扣减相应数量的价款。如购销双方的付款约定为 2/10，1/20，n/30，则表示：在 10 天之内付款，给予 2% 的折扣；在 10 天到 20 天之间付款，给予 1% 的折扣；在 20 天到 30 天之间付款，没有折扣；最迟的付款期限为 30 天。现行《企业会计准则》规定按照总价法进行现金折扣的账务处理。总价法是按照未给予折扣的销售金额确定销售收入或应收账款，对于购货方提前付款给予的现金折扣，在实际发生时计入当期损益，也就是记入"财务费用"账户的借方。账务处理如下：

企业销售产品，款项尚未收到时：

借：应收账款

　　贷：主营业务收入

对于提前付款给予的现金折扣记入"财务费用"账户的借方：

借：银行存款

　　财务费用

　　贷：应收账款

销售折让是指企业销售的产品由于质量不合格等原因而在售价上给予的减让。企业已经确认销售收入售出的产品发生销售折让的，应当在发生时冲减当期销售收入，即在发生的当期如数冲减"主营业务收入"或"应收账款"账户。

销售退回是指企业售出的产品由于质量、品种不符合要求等原因而发生的退货。重新调换同种产品不作销售退回处理。企业已经确认销售收入售出的产品发生销售退回的，应当在发生时冲减当期销售收入，即确定为销售退回时，一般填制红字销货发票，并据以办理退货手续。为简化核算，无论何时销售的产品，发生销售退回时一律冲减退货当月同种产品的销售收入和销售成本。如当月无该产品销售，应单独反映，并从全部产品的销售收入与销售成本中冲减。

三、收入的记录、核算

（一）收入核算的账户设置

1. "主营业务收入"账户

"主营业务收入"账户属于损益类账户。它是用来核算和反映企业为完成其经营目标而从日常活动中的主要经营活动所获得的收入取得情况的损益类账户。本期实现产品销售收入时记入该账户的贷方。期末转入"本年利润"账户的与本期费用相配比的主营业务收入记入该账户的借方；当企业发生已销售产品的销售折让和销售退回时亦记入该账户的借方。该账户结转后期末无余额。它可以按照主营业务的种类设置明细账。

2. "其他业务收入"账户

"其他业务收入"账户属于损益类账户。它是用来核算和反映企业主营业务活动以外的其他日常活动及让渡资产使用权所获得的收入取得情况的损益类账户。对于产品制造企业来说，其他业务收入包括销售原材料、包装物等的收入；出租业务的收入，如出租固定资产、无形资产等的收入；无形资产转让的收入，如商标使用权的转让收入等；用材料进行非货币性交换的收入，非货币性资产交换要具有商业实质而且能够以公允价值可靠计量；债务重组的收入等。本期已经取得的其他业务收入记入该账户的贷方。期末转入"本年利润"账户的与本期费用相配比的其他业务收入记入该账户的借方。该账户结转后期末无余额。它可以按照其他业务收入的类别设置明细账。

3. "应收票据"账户

在介绍"应收票据"账户之前，先介绍应收票据的概念。

应收票据是收款人持有的，由收款人或付款人签发的，指定付款人在一定日期按照票面金额向收款人付款的书面证明。它是持票人的一种债权。我国的应收票据限于销售商品、产品而收到的商业汇票，承兑期最长不超过 6 个月，属于流动资产的范畴。

企业对于持有的商业汇票，应在"应收票据备查簿"中逐笔登记其出票日期、付款人、承兑人、背书人、面值、利息、到期日期等，以及已贴现票据的贴现日期、贴现率和实收金额等。票据到期收回或转销时，应逐笔予以注销。

"应收票据"账户属于资产类账户。该账户用来核算企业采用商业汇票结算方式销售产品而收到的商业汇票。企业收到商业汇票时以票面金额记入该账户的借方。商业汇票到期收回或未到期向银行申请贴现或背书转让时以票面金额记入该账户贷方。该账户一般为借方余额，表示尚未收回的商业汇票。它可以按照开出、承兑商业票据的单位设置明细账。

4. "应收账款"账户

"应收账款"账户属于资产类账户。该账户用来核算和反映企业因销售产品、提供劳务等经营活动，而向购货方或接受劳务方收取的款项和代垫的运杂费。企业由于销售产品、提供劳务等应向购货方或接受劳务方收取的款项记入该账户借方；企业代购货方垫付的包装费、运杂费等也一并记入借方。企业收到购货方支付的货款和代垫的费用时记入该账户的贷方。该账户如有借方余额表示企业尚未收回应收、代垫款项；如有贷方余额则表示溢收的款项。该账户可以按照债务人设置明细账。

5. "预收账款"账户

"预收账款"账户属于负债类账户。该账户用来核算企业因销售产品或提供劳务，按照合同规定向购货方或接受劳务方预收的款项。一般包括预收的货款、预收的购货定金。企业收到预收货款或购货定金时记入该账户的贷方。企业向购货方交付产品、提供劳务，或退回预收货款、购货定金时记入该账户的借方。该账户期末一般为贷方余额，表示预收而未提供产品或劳务的款项；如有借方余额则表示企业尚未转销的预收款项。它可以按照购货方设置明细账。如果企业的预收款项不多，可以不设该账户，而在"应收账款"账户中核算。

6. "库存现金"账户

"库存现金"账户属于资产类账户。该账户核算的是企业的库存现金。企业收到现金时记入该账户的借方。发生现金支出时记入该账户的贷方。该账户期末为借方余额，表示企业持有的库存现金。有外币现金的企业，应当分别按照人民币和各种外币设置"现金日记账"进行明细核算。

7. "银行存款"账户

"银行存款"账户属于资产类账户。该账户核算的是企业存入银行或其他金融机构的各种存款。企业将款项存入银行或其他金融机构时记入该账户的借方。提取或支出款项时记入该账户的贷方。该账户期末为借方余额，表示企业存入银行或其他金融机构的各种款项。有外币存款的企业，应分别按照人民币和各种外币设置"银行存款日记账"进行明细核算。

（二）收入的核算举例

【业务1】某制药股份公司将生产的50箱A药品售给万千公司，每箱价格3,000元。已开出提货单，款未付。合同规定的付款条件为2/15，1/30，n/45。并按17%的增值税率缴纳增值税。

该业务发生使得企业"主营业务收入"增加，同时"应收账款"增加，增值税在未缴纳之前使得企业负债增加，应记入"应交税费"账户的贷方。

该业务发生账务处理如下：

借：应收账款——万千公司 175,500

　　贷：主营业务收入——A产品 150,000

　　　　应交税费——应交增值税（销项税额） 25,500

【业务2】将B产品400吨售给远洋公司，单价1,000元，该公司开出一张承兑期为60天商业承兑汇票。并按17%增值税率缴纳增值税。

该业务发生使得企业的"主营业务收入"增加，同时"应收票据"增加，增值税在未缴纳之前使得企业负债增加，记入"应交税费"账户的贷方。

该业务发生账务处理如下：

借：应收票据——远洋公司 468,000

　　贷：主营业务收入——B产品 400,000

　　　　应交税费——应交增值税（销项税额） 68,000

企业收到购货方开具的商业汇票不能直接作为记账的原始凭证，应以其复印件或票据副本作为原始凭证附在记账凭证后面。票据则应单独记录并妥善保管。

【业务3】将C产品100箱售给万里公司，每箱价格8,000元。收到该公司开出的转账支票。并按17%增值税率缴纳增值税。

该业务发生账务处理如下：

借：银行存款　　　　　　　　　　　　　936,000
　　贷：主营业务收入——C产品　　　　　　800,000
　　　　应交税费——应交增值税（销项税额）　136,000

【业务4】万千公司在购货两周时，以转账支票支付前欠货款。

万千公司在购货两周时付清款项，按照合同规定的付款条件，应给予其2%的折扣，折扣数额＝150,000×2%＝3,000（元）。将给予的现金折扣记入"财务费用"账户的借方。

该业务发生账务处理如下：

借：银行存款　　　　172,500
　　财务费用　　　　　3,000
　　贷：应收账款——万千公司　175,500

【业务5】根据销售合同，收到大洋公司预付购货定金10,000元。

该业务发生"银行存款"增加，同时负债增加，即"预收账款"增加。

该业务发生账务处理如下：

借：银行存款　　　　10,000
　　贷：预收账款——大洋公司　10,000

【业务6】按照上述销售合同，将A产品交付给大洋公司。增值税专用发票列明价款100,000元，增值税额17,000元，共计117,000元。余款收讫。

该业务账务处理如下：

借：银行存款　　　　　　　　　107,000
　　预收账款——大洋公司　　　　10,000
　　贷：主营业务收入——A产品　　　　　100,000
　　　　应交税费——应交增值税（销项税额）　17,000

【业务7】万里公司将两箱有质量问题C产品退回。本公司开出转账支票，退回货款和税金。

发生销售退回和销售折让时，都要减少增值税额，进行账务处理时冲减应交税费。该业务发生账务处理如下：

借：主营业务收入——C产品　　　　　　16,000
　　应交税费——应交增值税（销项税额）　2,720
　　贷：银行存款　　　　　　　　　　　　18,720

【业务8】该公司将其无形资产转让给万通公司，价值2,000,000元。增值税额340,000元。款项收讫。

转让无形资产的收入记入"其他业务收入"账户。该业务发生账务处理如下：

借：银行存款　　　　　　　　　2,340,000
　　贷：其他业务收入　　　　　　　　　2,000,000
　　　　应交税费——应交增值税（进项税额）　340,000

【业务9】该公司将多余的原材料售给东方公司，价值120,000元。款项尚未收到。

材料销售的收入记入"其他业务收入"账户。该业务发生账务处理如下：

借：应收账款——东方公司　　120,000

贷：其他业务收入　　　　　　　　　120,000

根据上面会计分录过入到相应账户，此步骤略。

知识链接

企业在销售环节要缴纳增值税等税金。增值税是以商品（包括应税劳务）在流转过程中产生的增值额作为计税依据而征收的一种流转税。它是价外税，税金不包含在商品的价格之内。我国的增值税也采用了国际上普遍采用的税款抵扣的办法，即根据销售商品或提供应税劳务的销售额，按照规定的税率计算出增值税税额——销项税额，再扣除取得该商品或应税劳务所支付的增值税税额——进项税额，两者相抵的差额就是应缴纳的增值税额。

第三节　利润的确认、计量和记录

一、利润的概念和构成

利润是指企业在一定会计期间的经营成果。利润包括收入减去费用后的净额、直接计入当期利润的利得和损失等。如果企业的收入、利得减去费用、损失后的余额为正数，则意味着企业有盈余；否则则意味着企业发生了亏损。

企业利润总额包括营业利润和非营业利润。营业利润是企业的生产经营活动产生的利润，是企业日常经营活动的经营成果。它由主营业务活动产生的利润和其他经营活动产生的利润构成，可以由营业收入减去与营业收入配比的费用得到，是利润总额的主要组成部分；非营业利润是指企业日常经营活动以外取得的各项利得（直接计入当期利润的利得）减去日常经营活动以外发生的各项损失（直接计入当期利润的损失）后的结果。实际上它是营业外收入和营业外支出的净额。作为企业非日常经营活动取得的成果，应该与营业利润严格区别。

二、利润的确认原理

在前面正确确定了收入和费用的基础之上，根据配比原则，就可以正确确认企业在某个会计期间的利润了。

配比原则是根据费用与收入之间的内在联系，将企业所发生的费用与由此而赚取的收入相结合，用收入扣除费用从而确定利润。

一定期间的收入和费用有着内在的联系，耗费一定的资金才有可能带来一定的收入。主营业务成本的发生，有可能取得主营业务收入；其他业务成本的发生，有可能取得其他业务收入。不同的收入由与之相适应的不同的费用带来，它们发生的时间一致，并存在配比关系。

三、利润的确认与计量

利润总额包括营业利润和非营业利润。

（一）营业利润

营业利润是企业从其日常生产经营活动中所获得的利润或发生的亏损。对于产品制造企业来说，营业利润是营业收入（包括主营业务收入和其他业务收入）扣除营业成本（包括主营业务成本和其他业务成本）、营业税金及附加、管理费用、销售费用、财务费用、资产减值损失，加上投资净收益及公允价值变动净收益后的净额。

上述营业利润中的主营业务成本是指企业本期已销售产品按照一定的成本计算方法确定的生产成本；营业税金及附加企业是在销售环节缴纳的税金及附加。包括消费税、资源税及按照税法规定应缴纳的各种附加税费，如城乡维护建设税、教育费附加。它们统称为价内税，在计算营业利润时，要从营业收入中扣除。而增值税为价外税，不应该确认为营业税金及附加。换言之，缴纳增值税的企业，增值税不包括在营业收入中，故在计算营业利润时，公式中不包括营业税金及附加部分。所以可以不开设"营业税金及附加"账户，利润表中也可以不反映该项目；管理费用、销售费用、财务费用属于期间费用，由该期的收益负担。对其确认计量时仍然遵循权责发生制原则；投资收益依然按照权责发生制原则和实现原则确认、计量；资产减值损失和公允价值变动收益（或损失）的计量不属于会计学原理部分探讨的范围。

（二）非营业利润

企业在生产经营活动中，还会发生与日常生产经营活动无关的利得或损失。它是营业外收入和营业外支出的净额。

1. 营业外收入

营业外收入是指与企业的生产经营活动没有直接关系的各种收入。它并不是由企业经营资金耗费所产生的收入，企业不必为其付出代价，不可能也不需要与有关的费用相配比。它实际上是一种纯收入，应该与营业收入严格区分。营业外收入包括非流动资产处置利得；非货币性资产交换利得；债务重组利得；政府补贴；盘盈利得；捐赠利得等。

2. 营业外支出

营业外支出是指与企业生产经营活动没有直接关系、不属于生产经营费用，但按照规定从企业实现的利润中列支的各项支出。营业外支出包括非流动资产处置损失；非货币性资产交换损失；债务重组损失；非常损失；盘亏损失；公益性捐赠支出等。

（三）利润总额

利润总额 = 营业利润 + 非营业利润

其中：营业利润 = 营业收入 - 营业成本—营业税金及附加

　　　　　　　—销售费用—管理费用—财务费用

　　　　　　　—资产减值损失

　　　　　　　+ 投资收益

　　　　　　　+ 公允价值变动收益（损失用"—"）

非营业利润 = 营业外收入—营业外支出

净利润 = 利润总额—所得税费用

公式中：营业税金及附加为缴纳价内税的企业计算营业利润时所需扣除的内容，缴纳增值税的企业不扣除该部分。

> **知识链接**
>
> 资产减值是指资产可回收的金额低于账面价值。当发生资产减值时，应当将资产的账面价值减记至可回收的金额，两者的差就是资产减值损失。公允价值变动收益（或损失）是资产或负债因公允价值变动而形成的收益（或损失）。

四、利润的记录、核算

（一）利润核算的账户设置

了解利润的相关知识后，需要设置专门的账户"本年利润"账户集中记录和核算企业利润总额的构成情况。

1. "本年利润"账户

"本年利润"账户属于所有者权益账户。该账户用来核算企业当年实现的净利润或者是发生的净亏损。该账户的贷方核算的是本期取得的收入。这些收入是由某一个会计期间的收入账户转来的，并与本期发生的成本费用相配比的或是本期日常经营活动以外的收入。该账户的借方核算的是本期发生的各项费用。这些费用也是由同一个会计期间的费用账户转来的，并与本期的收入相配比或应当由本期的收入补偿的费用等。对于产品制造企业来说，转入"本年利润"账户贷方的收入有主营业务收入、其他业务收入、投资收益（净收益）及营业外收入；转入"本年利润"账户借方的费用成本有主营业务成本、其他业务成本、营业税金及附加、销售费用、管理费用、财务费用、资产减值损失、投资收益（净损失）、营业外支出、所得税费用等。该账户借方和贷方相抵后，若为贷方余额，表示企业有利润；若为借方余额，表示企业发生亏损。

2. "主营业务成本"账户

"主营业务成本"账户属于损益类账户。该账户是用来核算和反映按照配比原则确认的企业销售产品的生产成本。期末结转已销售产品的生产成本时记入该账户的借方。期末转入"本年利润"账户的与"主营业务收入"相配比的已销售产品的生产成本时记入该账户的贷方。换言之,由"主营业务成本"账户转入"本年利润"账户时记入该账户的贷方;发生销售退回的产品成本亦记入贷方。该账户结转后期末无余额。它可以按照主营业务的类别设置明细账。

3. "其他业务成本"账户

"其他业务成本"账户属于损益类账户。该账户用来核算和反映按照配比原则确认的企业除了主营业务以外的其他日常活动发生的成本。包括销售材料、包装物等的成本;出租固定资产的折旧额、出租无形资产的摊销额、出租包装物的成本或摊销额等;无形资产的转让成本;用材料进行非货币性交换的成本;债务重组的成本;除主营业务活动之外的其他日常经营活动发生的相关税费等。上述成本、支出发生时记在该账户的借方。期末转入"本年利润"账户的与"其他业务收入"相配比的其他业务成本记入该账户的贷方,即由"其他业务成本"账户转入"本年利润"账户时记在贷方。该账户结转后期末无余额。它可以按照其他业务的类别设置明细账。

4. "投资收益"账户

"投资收益"账户属于损益类账户。该账户用来核算企业确认的投资取得的收益或发生的损失。企业确认的对外投资所取得的各项收益记入该账户的贷方。企业确认的对外投资所发生的损失记入该账户的贷方。期末将投资收益和投资损失相抵后,若是投资净收益,将其转入"本年利润"账户时记入该账户的借方;若是投资净损失,将其转入"本年利润"账户时记入该账户的贷方。该账户结转后期末无余额。它可以按照投资项目设置明细账。

5. "营业外收入"账户

"营业外收入"账户属于损益类账户。该账户用来核算企业发生的、日常生产经营活动以外的各项收入。包括非流动资产处置利得;非货币性资产交换利得;债务重组利得;政府补贴;盘盈利得;捐赠利得等。企业取得上述各项营业外收入时记入该账户的贷方。期末转入"本年利润"账户时记入该账户的借方。该账户结转后期末无余额。它可以按照营业外收入的项目设置明细账。

6. "营业外支出"账户

"营业外支出"账户属于损益类账户。该账户用来核算企业发生的、日常生产经营活动以外的各项支出。包括非流动资产处置损失;非货币性资产交换损失;债务重组损失;非常损失;盘亏损失;公益性捐赠支出等。企业发生上述各项营业外支出时记入该账户的借方。期末转入"本年利润"账户时记入该账户的贷方。该账户结转后期末无余额。它可以按照支出项目设置明细账。

7. "营业税金及附加"账户

"营业税金及附加"账户属于损益类账户。该账户用来核算在销售环节依据销售收入的一定比例征收的税金及附加。包括消费税、资源税、城乡维护建设税及教育费附加。企业依照税法规定缴纳的消费税、资源税及其附加税费时记入该账户的借方。本期的消费税、资源税及其附加税费在期末转入"本年利润"账户时记入该账户的贷方；企业收到减免退回的上述税金时亦记在贷方。该账户结转后期末无余额。房产税、车船使用税、土地使用税、印花税在"管理费用"账户核算，不在本账户核算。

8. "交易性金融资产"账户

在介绍"交易性金融资产"账户之前，先介绍其概念。

交易性金融资产是指企业购入后欲从短期的价格变化中获取价差的资产，例如以赚取价差为目的而从二级市场上购买的股票、债券、基金等均应确认为交易性金融资产。交易性金融资产持有的时间比较短，随时可能抛售，且以公允价值计量较能反映当前的真实价值。

"交易性金融资产"账户属于资产类账户。该账户用来核算企业以交易为目的所持有的债券投资、股票投资、基金投资、权证投资等交易性金融资产的公允价值。企业持有的直接指定为公允价值计量且其变动计入当期损益的金融资产亦在此账户核算。企业取得交易性金融资产，按其公允价值（成本）记入该账户的借方；资产负债表日，交易性金融资产的公允价值高于其账面余额的差额（公允价值变动）记在借方。企业出售交易性金融资产，按照该金融资产的账面余额记入该账户的贷方；资产负债表日，交易性金融资产的公允价值低于其账面余额的差额记在贷方。该账户期末一般为借方余额，表示企业持有的交易性金融资产的公允价值。它可以按照交易性金融资产的类别和品种分别设置"成本"、"公允价值变动"等明细账。

（二）利润核算的举例

【业务1】 某制药公司在月末结转本期销售的A、B、C三种产品和材料销售的成本。假设A产品销售量为80箱，每箱单位成本2,000元，B产品销售量为500吨，每吨单位成本600元，C产品销售量为200箱，每箱单位成本5,000元，材料销售的成本为80,000元。

产品销售的成本记入"主营业务成本"账户，材料销售的成本记入"其他业务成本"账户。该业务发生账务处理如下：

```
借：主营业务成本——A产品          160,000
            ——B产品          300,000
            ——C产品        1,000,000
    其他业务成本——材料销售         80,000
    贷：库存商品——A产品                    160,000
            ——B产品                    300,000
            ——C产品                  1,000,000
        原材料                               80,000
```

【业务2】 经核实原欠南方公司的款项10,000元，无法支付，确认为呆账。

企业无法支付的应付款项应记入"营业外收入"账户。该业务发生账务处理如下：

```
借：应付账款——南方公司      10,000
    贷：营业外收入                      10,000
```

【业务3】通过盘点，发现盘盈仪器一台，价值4,600元。

盘盈利得应作为"营业外收入"处理。该业务发生账务处理如下：

借：固定资产　　4,600
　　贷：营业外收入　4,600

【业务4】将持有的10,000股股票售出。该股票买入价格为每股10元，卖出价格为12元。款项收讫，存入银行。

出售股票使得交易性金融资产减少，投资收益增加，同时银行存款增加。该业务发生账务处理如下：

借：银行存款　　　　　　　　　　120,000
　　贷：交易性金融资产——股票投资　100,000
　　　　投资收益　　　　　　　　　　20,000

【业务5】出售旧设备一台，原值60,000元，已提折旧42,000元，售价26,000元。款项收讫，存入银行。

该业务发生账务处理如下：

借：银行存款　　26,000
　　累计折旧　　42,000
　　贷：固定资产　　60,000
　　　　营业外收入　8,000

【业务6】将主营业务收入6,840,000元，其他业务收入2,120,000元，投资收益20,000元，营业外收入22,600元转入"本年利润"账户。

该业务发生账务处理如下：

借：主营业务收入　6,840,000
　　其他业务收入　2,120,000
　　投资收益　　　　20,000
　　营业外收入　　　22,600
　　贷：本年利润　　　　9,002,600

【业务7】将主营业务成本1,460,000元，其他业务成本1,080,000元，管理费用121,800元，销售费用2,100,000元，财务费用7,000元，营业税金及附加168,900元，营业外支出120,000元，转入"本年利润"账户。

该业务发生账务处理如下：

借：本年利润　5,057,700
　　贷：主营业务成本　　1,460,000
　　　　其他业务成本　　1,080,000
　　　　营业税金及附加　168,900
　　　　管理费用　　　　121,800
　　　　销售费用　　　　2,100,000
　　　　财务费用　　　　7,000
　　　　营业外支出　　　120,000

【业务 8】按利润总额的 20% 计算并结转所得税。

将收入和费用转入"本年利润"账户后，得到收入的合计数为 9,002,600 元，费用的合计数为 5,057,700 元，两者之差 3,944,900 元即为获得的利润总额。

据此计算的所得税为 788,980 元（3,944,900 × 20% = 788,980）

该业务发生账务处理如下：

借：所得税费用　　　　　　　788,980

　　贷：应交税费——应交所得税　　788,980

结转所得税账务处理如下：

借：本年利润　788,980

　　贷：所得税费用　　788,980

【业务 9】结转本年实现的净利润。

就是将本年实现的净利润转入"利润分配"账户。本年实现的净利润为 3,155,920 元（3,944,900 − 788,980 = 3,155,920）。

借：本年利润　3,155,920

　　贷：利润分配　　　　3,155,920

根据上面会计分录过入到相应账户，此步骤略。

第四节　利润表的编制

上面通过日常的会计核算，对收入、费用及利润进行确认、计量和记录，最终将其登记到相应账户中去。然而通过账户所得到的会计信息仍是分散的。若要全面系统反映企业经济业务之间的内在联系，还需对上述会计核算的内容进行进一步加工，使之满足信息使用者的需要。产品制造企业的生产经营的最终成果是通过利润反映的。企业可以通过编制利润表发布利润的相关信息。

一、利润表的编制要求

1. 决策有用性要求

决策有用性是编制利润表的基本要求。利润表是企业向企业投资者、潜在投资者、相关人士及有利害关系的集团提供企业经营成果信息的，有关人士可以据此作出决策。

2. 真实可靠性要求

编制利润表所依据会计计量、记录的信息应该是真实可靠的，据此编制的利润表也应该是真实可靠的。

3. 及时性的要求

利润表的编制必须及时，并将利润表发布的相关信息及时传递。

二、利润表的编制原理

（一）利润表的基本内容和基本格式

利润表又称为损益表。它反映的是企业在一定期间经营成果的报表。其基本内容包括在某一会计期间的主营业务收入及与之配比的成本、费用；其他业务收入及与之配比的成本、支出；投资收益净额；营业外收支净额。

利润表的格式有单步式利润表和多步式利润表两种。单步式利润表是不按企业利润的构成内容，而是把企业所有收入和成本费用等内容揉合在一起，不分层次，不分步骤，最后计算出企业总利润的报表。

本节着重介绍多步式利润表。多步式利润表是按照企业利润的构成内容，分层次、分步骤，逐笔逐项计算编制而成的报表。它是根据经营活动的主次，经营活动与非经营活动对企业利润的贡献排列编制，所以被广泛采用。

编制利润表依据的公式：

营业利润 = 营业收入—营业费用—营业税金及附加

          —销售费用—管理费用—财务费用

          —资产减值损失

          +投资收益

          +公允价值变动收益（损失用"—"）

非营业利润 = 营业外收入—营业外支出

净利润 = 利润总额—所得税费用

（二）利润表的编制

利润表反映的是企业在某一会计期间经营成果的报表，是动态报表。利润与收入和费用账户相关，因此利润表应以收入和费用账户的发生额为依据编制。

假设将上例中的某制药公司某年度有关损益类账户发生额资料如表5-3所示：

表5-3   **某制药公司某年度有关损益类账户资料**

损益类账户名称	本期发生额	全年累计发生额
主营业务收入	以下略	6,840,000
其他业务收入		2,120,000
营业税金及附加		168,900
主营业务成本		1,460,000
其他业务成本		1,080,000
销售费用		2,100,000
管理费用		121,800
财务费用		7,000
投资收益		20,000
营业外收入		22,600
营业外支出		120,000

根据上面资料编制利润表。如表 5 - 4 所示。

表 5 - 4

某制药公司利润表

20××年度 单位：人民币元

项目	本期数	本年累计数
一、营业收入	以下略	8,960,000
减：营业成本		2,540,000
营业税金及附加		168,900
销售费用		2,100,000
管理费用		121,800
财务费用		7,000
资产减值损失		－
加：公允价值变动收益		－
投资收益		20,000
二、营业利润		4,042,300
加：营业外收入		22,600
减：营业外支出		120,000
三、利润总额		3,944,900
减：所得税费用（20%）		788,900
四、净利润		3,155,920
五、每股收益		－

本章小结

编制利润表首先要涉及会计要素中费用、收入、利润的内容。本章介绍了费用、成本的概念及其确认、计量和记录；收入的概念及其确认、计量，收入确认标准，收入的记录；利润的确认、计量和记录。利润是收入和费用相抵的结果。利润的确认要与配比原则相结合；多步式利润表的编制方法。

思考题

1. 成本、费用的区别和联系是什么？
2. 生产费用和期间费用的区别是什么？

会计学原理

3. 产品制造企业的成本项目包括哪些内容？

4. 产品制造企业的生产费用如何进行归集和分配？

5. 收入和利得的区别和联系是什么？

6. 费用和损失的区别和联系是什么？

7. 什么是配比原则？

8. 多步式利润表如何编制？

本章参考文献

[1] 中华人民共和国财政部. 企业会计准则（2006）［M］. 北京：经济科学出版社，2006：4 – 5.

[2] 财政部会计司. 企业会计准则讲解（2006）［M］. 北京：人民出版社，2007.

[3] 吴水澎. 会计学原理［M］. 辽宁：辽宁人民出版社，2008：198 – 199.

[4] 贝洪俊，白玉华，张洪君. 中级财务会计教程与案例［M］. 浙江：浙江大学出版社，2011：298 – 301.

[5] 杨周南，张继德. 新企业会计准则实施操作精要［M］. 北京：机械工业出版社，2007：51 – 62.

[6] 杨有红，欧阳爱平. 中级财务会计［M］. 北京：北京大学出版社，2009：335 – 336.

第五章

利润表

第六章

资产负债表

【教学目标】 通过本章教学掌握资产的概念及其特点。掌握资产的确认、计量和记录；掌握负债的确认、计量和记录；掌握所有者权益的确认、计量和记录；掌握账户式资产负债表的编制。

【教学要求】 通过本章教学要求掌握资产、负债、所有者权益的确认、计量和记录，并会实际应用；并在此基础上掌握账户式资产负债表的编制。

案例导读

PT 水仙的退市分析

2001 年 4 月 23 日，上海证券交易所正式宣布 PT 水仙退市。水仙退市开创了两项纪录：一是，它是我国证券市场上第一只被摘牌的股票；二是，它是第一家因连年亏损而依法退出的上市公司。

其退市的原因主要有：

1. 投资失败。水仙在 1995 年先后和美国惠而浦公司共同投资组建上海惠而浦水仙有限公司、和日本能率株式会社共同投资组建上海能率有限公司，分别生产洗衣机和热水器。由于对投资项目决策失误、对市场的需求估计不足、对销售价格估计过高及成本费用居高不下等原因，两次投资共造成近 8000 万元的亏空。

2. 经营失败。市场开拓不力，产品结构不合理及舍弃洗衣机主业挺进房地产、国际贸易、模具制造、电气等行业致使经营失败。

3. 财务失败。过度负债。水仙的资产负债率从 1994 年的 46.21%，逐年上升到 2000 年的 114.17%，实际上已经是资不抵债。过度负债的不良后果是，一方面增加了利息支付的负担，以 2000 年为例，其净利息费用支出达 2547.30 万元，而同期的主营业务收入仅为 11044.18 万元，高额财务费用使企业背上了沉重的负担。另一方面企业所有者和债权人也会因为投资风险的加大而要求增加投资收益和提高利率，从而使企业负担进一步加重。

亏损严重。以净利润为例，从 1994 年的最高峰 5694.37 万元到 2000 年亏损 14570.67 万元，并连续四年亏损。

应收账款大幅上扬。为开拓市场，水仙大量采用赊销方式。从1994年的9340.36万元到1997年达到高峰39848.03万元，应收账款增长426%。虽然董事会年年强调应收账款，但收效甚微到，2000年仍有31227.57万元应收账款未能收回。水仙采用大量赊销只看到了市场的占有率，没有看到赊销的风险性。

信用危机。如果一个企业信用等级低下，举新债还旧债，财务危机不可避免。水仙最后一个重组破灭的原因不是高达2亿元的债务吓退了银行，而是其信用低下使银行不敢问津。

摘编自：《中国财经报》

第一节 资产的确认、计量和记录

一、资产的概念和分类

（一）资产的概念和特点

资产是企业过去的交易或事项形成的、由企业拥有的或控制的、预期会给企业带来经济利益的资源。资产包括企业的各项财产、债权和其他权利。

根据资产的概念，资产有如下特点：

1. 资产是由过去的交易或事项形成的。资产可以通过交易形成也可以通过事项形成。例如购买机器设备是通过交易形成企业资产；接受捐赠得到的仪器则是通过事项形成企业资产。

2. 资产为企业拥有或控制。资产是一种经济资源，企业对其拥有所有权或控制权。该特点使得企业对其资源具有独占性和排他性，未经许可，其他会计主体无权使用。

3. 资产能够用货币计量。企业以货币计量为主要形式向外界提供财务信息。

4. 资产是一种预期会给企业带来经济利益的资源。该资源在单独或与其他资源结合时，在能够预见的将来，可以直接或间接为拥有资源的企业带来经济利益。

5. 资产不仅包括有形资产还包括无形资产。厂房、设备、原材料等为有形资产；商誉、商标权、专利权等为无形资产。

（二）资产的分类

资产有不同的存在形态。资产按照流动性即资产变现速度的快慢分为流动资产和非流动资产。

1. 流动资产

根据《企业会计准则》规定，资产中满足下列条件之一则为流动资产。预计在一个正常的经营周期中变现、出售或耗用；企业主要以交易目的而持有；预计在资产负债表日起一年内（含一年）变现；自资产负债表日起一年内，交换其他资产或清偿负债的能力不受限制的现金或现金等价物。

依据上述条件，流动资产一般包括货币资金、交易性金融资产、应收票据、应收账款、预付账款、其他应收款、原材料、库存商品等。上述资产在较短的时间内变换为现金的能力较强，因此属于流动资产的范畴。

2. 非流动资产

非流动资产是指不符合上述流动资产条件之一的资产。它包括长期股权投资、固定资产、无形资产等。

长期股权投资是指企业持有的对子公司、联营企业和合伙企业的权益性投资，该投资一般不以交易为目的。长期股权投资的变现能力不如流动资产，但要优于固定资产。

固定资产是指同时具备下列特征的有形资产：为生产商品、提供劳务、出租或经营管理而持有；使用寿命超过一个会计年度。固定资产的特点是为非交易目的而持有，使用寿命较长。该资产在较长的使用周期内能够保持原有的实物形态，其价值量在使用过程中逐渐地减少，并逐渐地转移。因此对于构建固定资产所发生的资金耗费不能在其发生时直接作为费用列支，而应作为资本性支出，按照权责发生制原则在其有效使用期间内逐渐地转化为费用。企业的固定资产一般包括各种房屋、建筑物、生产用机器设备、交通运输设备、工具器具等。

无形资产是指企业拥有的或控制的、没有实物形态的、可辨认的非货币性资产。对于无形资产的确认除了没有实物形态之外，还要满足下面两点：一是必须企业耗费一定的资金通过交换取得，无代价取得不能确认为无形资产；二是必须能够在较长的时期内为企业提供连续的收益，不能为企业提供连续收益的资金耗费不能确认为无形资产。无形资产包括某项法定的权利、优先权或高于一般水平的获利能力等。具体有专利权、著作权、商标权、特许权、专有技术及土地使用权等。

二、资产的计量

（一）资产的计量原理

资产的计量以实际成本原则作为标准。即以企业取得各项资产时实际支付或发生的资金耗费作为标准，也就是取得该项资产时的历史成本。当采用其他计量属性时，应当确保其所确定的金额能够取得并可靠计量。

（二）资产计量

下面分别介绍流动资产和固定资产的计量。

1. 流动资产的计量

流动资产中库存现金和银行存款的计量已较清楚，此处不再赘述。下面介绍流动资产中应收款项和存货的计量。

（1）应收款项的计量

应收款项是指企业与其他单位或个人之间由于交易而形成的应收未收的各种债权。包括应收票据和应收账款等。

①应收票据

应收票据的概念前已述。我国的应收票据主要限于因销售商品、产品而收到的商业汇票，承兑期最长不超过6个月，承兑人可以是购货方或者银行。

商业汇票按照票面是否载有利率，可以分为带息的票据和不带息的票据。带息票据的到期值是其面值加上按票面利率计算的全部期间的利息，即带息票据到期值＝面值＋利息；不带息票据的到期值就是面值，即不带息票据到期值＝面值。

在西方，不带息票据的面值虽不载明利率，但不是不包含利息，而是将利息包含在面值之内。我国采用的是不带息的票据。

商业汇票作为流动资产，可以根据持票人的需要向银行申请贴现。贴现是将未到期的商业汇票的所有权转让给银行以换取现金的行为。银行支付给贴现申请人的金额（称为贴现实收金额或贴现净额）是商业汇票的到期值减去贴现息。带息票据的利息归贴现申请人所有。贴现实收金额的大小取决于票据的到期值、贴现率及贴现期。

下面分述不带息票据和带息票据的贴现及账务处理。

对于不带息票据的贴现及其账务处理。不带息票据的贴现涉及其到期值、贴现息和贴现实收金额的计算。

不带息票据到期值＝面值

贴现息＝票据到期值×贴现率×贴现期

贴现实收金额＝票据到期值—贴现息

下面举例说明不带息票据的贴现。

【业务1】某制药公司因资金周转的需要，于9月1日以长江公司8月1日签发并承兑的90天到期，票面金额为600,000元的商业汇票向银行申请贴现。贴现率为9.6%，贴现期为60天。

该企业将持有的商业汇票向银行申请贴现，银行需要扣除贴现利息后将剩余的金额支付给贴现申请人。

贴现息＝票据到期值×贴现率×贴现期

＝600,000×9.6%/12×2＝9,600（元）

企业将商业汇票向银行申请贴现所支付的贴现息应作为企业的"财务费用"处理。该业务发生账务处理如下：

借：银行存款　　590,400

　　财务费用　　　9,600

　　贷：应收票据　　　　600,000

向银行申请贴现的商业汇票还应该在资产负债表的附注中按要求注明。

对于带息票据的贴现及其账务处理。带息票据的贴现也要涉及其到期值、贴现息和贴现实收金额的计算。

121

带息票据的到期值 = 面值 + 利息 = 面值 × （1 + 利率 × 期限）

贴现息 = 票据到期值 × 贴现率 × 贴现期

贴现实收金额 = 票据到期值—贴现息

上面计算带息票据到期值公式中的期限是指票据签发日到到期日的时间间隔。

【业务2】设某制药公司申请贴现的商业承兑汇票为90天到期，面值为600,000元的带息票据。票据载明的利率为3.6%，贴现率为9.6%，贴现期为45天。

该票据为带息票据，首先计算带息票据到期值。

带息票据的到期值 = 面值 × （1 + 利率 × 期限）

$= 600,000 × （1 + 3.6\%/360 × 90）$

$= 605,400（元）$

带息票据的贴现息 = 票据到期值 × 贴现率 × 贴现期

$= 605,400 × 9.6\%/360 × 45$

$= 7,264.8（元）$

贴现实收金额 = 带息票据到期值 – 贴现息

$= 605,400 – 7,264.8$

$= 598,135.2（元）$

该业务发生账务处理如下：

借：银行存款　　　　　　　598,135.2

　　财务费用　　　　　　　1　,864.8

　　贷：应收账款　　　　　　　　600,000

将带息票据向银行申请贴现时，是将带息票面的利息和贴现息的差额作为"财务费用"处理。该例中贴现息的金额大于票面利息，则意味着"财务费用"增加；反之则意味着"财务费用"减少。

②应收账款及坏账准备

应收账款是企业在销售产品或提供劳务的过程中，为了促销或给予信誉好的购货单位赊销而形成的一种债权。应收账款按照约定的价格计量。

商业信用的发展在为企业之间商品交易提供更为广阔空间的同时，也为应收账款的收回带来了风险，产生可能无法收回的应收账款。应收账款一般应在一定的期限收回，但是如果由于对方经营不善而倒闭，那么应收账款就无法收回或收回的可能性极小，则会形成会计上的坏账。坏账是企业无法收回的应收账款。企业发生坏账会造成资产损失。由于发生坏账而造成的资产损失，称为坏账损失。确认为坏账应该符合下列条件：一是因债务人破产或死亡，以其破产财产或遗产清偿后，仍然不能收回的应收账款；二是因债务人逾期（一般超过3年以上）未履行其偿债义务，且有明显的特征表明无法收回的应收账款。

坏账是应收账款发生减值的表现。资产减值是资产可收回的金额低于其账面价值。当资产可收回的金额低于其账面价值时，应当将资产的账面价值减记至可收回的金额，减记的金额确认为资产减值损失，借记"资产减值损失"账户，计入当期损益。为谨慎起见，同时要计提相应的资产减值准备。

企业发生坏账，其处理方法有二。其一是直接列账法。它是在坏账实际发生时按照直接损失直接冲销应收账款，同时计入期间费用。其账务处理如下：

借：资产减值损失——坏账损失

贷：应收账款——××公司

该方法的优点是账务处理简单、实用。但将以前会计期间因赊销产品而引起的坏账损失在本期的营业收入中抵减，则会导致各期的收益与实际不符，不符合权责发生制原则和配比原则；在实际发生坏账之前，期末资产负债表上列示的应收账款数额是其最初的发生额，而不是企业估计可望收回的数额。其间如果企业发生了大量的陈账、呆账不作处理，会高估应收账款的价值，虚增利润，并与实际收回的应收账款不符，这不符合谨慎性原则。

其二是备抵法。它是按期依照规定计提坏账损失，建立坏账准备金，使期末应收账款保持一定余额的坏账准备。期末当坏账准备余额低于计提比例时，应该补提；当坏账余额高于计提比例时，应该冲回。采用备抵法期末计提坏账准备时，记入"资产减值损失"账户的借方，同时建立坏账准备金，记入"坏账准备"账户的贷方。

"坏账准备"账户是"应收账款"等账户的备抵账户。它是用来核算坏账的计提和发生坏账进行冲销的账户。计提坏账准备时记入该账户的贷方。转销坏账准备时记入该账户的借方。该账户一般为贷方余额，表示已经计提但尚未转销的坏账准备的数额。若当期按应收账款计算应计提的坏账准备的金额大于"坏账准备"账户的贷方余额，则按其差额补提坏账准备，借记"资产减值损失"账户，贷记"坏账准备"账户；若当期按应收账款计算应计提的坏账准备的金额小于"坏账准备"账户贷方余额，则按其差额冲减已计提的坏账准备，借记"坏账准备"账户，贷记"资产减值损失"账户。应收账款和坏账准备相抵后的余额表示应收账款预期可收回的净额。

对于企业的应收账款，期末应按规定比例计提坏账准备。期末计提坏账准备时账务处理如下：

借：资产减值损失——坏账损失

贷：坏账准备

坏账发生时，应该冲减已计提的坏账准备，账务处理如下：

借：坏账准备

贷：应收账款

已冲减的坏账准备以后收回时，账务处理如下：

借：应收账款

贷：坏账准备

同时需作"银行存款"增加，"应收账款"减少，即：

借：银行存款

贷：应收账款

期末应收账款应该按照一定比例计提坏账准备，当坏账准备的余额低于按规定应提数额时，应该补提，账务处理如下：

借：资产减值损失——坏账损失

　　贷：坏账准备

当坏账准备的余额高于按规定应提数额时，应将多余部分冲回，账务处理如下：

借：坏账准备

　　贷：资产减值损失——坏账损失

采用备抵法可以将预期可能不能收回的应收账款而引起的损失及时预计列入到资产减值损失，按照可以实现的应收账款的净值计算应收账款，使其更接近实际收回的金额，从而能够比较正确地计算企业利润。下面举例说明采用备抵法计提坏账准备。

某制药公司某年末应收账款为 400,000 元，估计坏账损失率为 5%。采用备抵法计提坏账准备。

计提坏账准备时账务处理如下：

借：资产减值损失——坏账损失　　20,000

　　贷：坏账准备　　　　　　　　　　　　20,000

如发生坏账 10,000 元，则要从坏账准备中冲减。账务处理如下：

借：坏账准备　　　　　　　　　　　10,000

　　贷：应收账款——××公司　　　　10,000

（2）存货的计量

要使企业的生产经营活动持续进行，需要不断地补充原材料，同时随着产品的不断产出，都会使企业有适量的存货。存货包括原材料、在产品、产成品、周转材料等等。原材料、产成品是产品制造企业存货中涉及的主要内容，下面以原材料和产成品为例介绍存货的计量。

存货的计量包括存货取得成本、存货结存成本及存货发出成本的计量。

①存货取得成本的计量

存货取得时，存货的成本是以其实际成本为标准进行计量的。也就是以存货取得时实际发生的资金耗费作为存货的成本。对于原材料其取得成本就是原材料的采购成本。它应以采购该批原材料所支付的各项费用为依据计量。具体包括原材料买价；相关税费；原材料的运输费用、装卸费用；原材料运输途中的保险费；原材料运输途中的合理损耗。

对于企业生产出来的产成品其取得成本就是产成品的生产成本。它应以生产该批产品所支付的各项费用为依据计量。具体包括直接材料、直接人工及分配到该产品中的制造费用。

②存货结存成本的计量

存货结存的数量、金额在产品的生产过程中会发生经常性的变化。对于存货结存数量、金额的计量有两种方法。第一种是定期盘存法。定期盘存法亦称实地盘存法，是指定期（一般为月末）通过实物盘点确定库存品的数量，并据以计算库存品成本和销售或耗用成本的一种方法。采用该方法平时账上只记录库存品的购进或收入的数量、金额，不记录库存品发出的数量、金额。期末通过实物盘点确定库存品的数量、金额后，再根据已知的期初存货结存金额、本期存货购入金额倒推计算出库存品发出成本和销售或耗用成本的方法。存货发出成本的计算公式为：

本期存货发出成本＝期初存货成本＋本期存货购入成本—期末存货结存成本

采用该方法计量存货盘存成本，由于日常存货的变动情况不予计量，无法随时了解存货的收、发、存情况，不便于进行存货的动态管理；由于该方法是根据盘点数确定库存品的数量、金额的，如果发生了失窃、浪费、自然损耗等情况，且期末未被记入，则该部分存货会被视为已销售或已被耗用，这样就使存货发出成本与实际不符。所以采用此法计量平时应加强存货管理。

第二种是永续盘存法。永续盘存法亦称账面盘存法，是指按库存品的品种、规格逐一设置库存品的明细账，逐日或逐笔登记存货的收入、发出的数量、单价及金额，并随时结计其结存的数量、单价及金额的一种库存品的核算方法。该方法能随时结计存货的收、发、存的数量、单价及金额，可以及时了解存货的动态情况，加强了存货管理，故在实际中被普遍采用。

③存货发出成本的计量

在商品经济社会，每个批次购进的原材料其成本可能不尽相同，因此导致了不同时间发出的存货的成本也可能不尽相同。对于该问题有两类不同的解决方法。一类是计划成本法。按照计划成本法，平时存货出库可按照核定的成本即计划成本予以计价，月末再根据本期存货实际取得成本计算存货计划成本和实际成本的差异。另一类是实际成本法。实际成本法是按照存货的实际入库成本计算存货发出成本的方法。具体的方法有移动加权平均法、月末一次加权平均法、先进先出法和个别辨认法等。移动加权平均法是存货每发生一次变动，就要以存货的数量为权数，重新计算一次存货成本的方法。月末一次加权平均法是根据存货期初结存和本期收入的数量、金额，于月末求得一个综合加权平均成本，并据以计算本月存货发出成本和销货成本的一种方法。先进先出法是假设最先购进的存货最先发出，并依照存货购进顺序的成本对存货发出成本和结存成本进行计价的方法。个别辨认法是按照存货购买或生产时所确定的成本来计算存货发出成本的方法。该方法适用单位成本较高，进出不太频繁的存货。上述的存货计量方法不尽相同，但对企业来说，应尽可能在不同的会计期间保持存货核算方法的相对稳定，以使不同时期的存货发出成本具有可比性。

2. 固定资产的计量

固定资产作为有形资产，它是企业为生产商品、提供劳务、出租或经营管理而持有；且使用寿命超过一个会计年度的资产。由于固定资产的上述特征，它在计量时要涉及三个不同的价值即固定资产的原值、累计折旧和固定资产的净值。

（1）固定资产原值的计量

125

固定资产原值的计量应以企业为取得该项固定资产所实际支付或发生的成本为依据进行，它应包括企业自固定资产购置开始到固定资产安装调试完毕交付生产使用为止所发生的或支付的各种费用。具体包括购置价格；购置过程中发生的运杂费、保险费；固定资产如需安装，还应包括安装调试过程中发生的安装费、调试费。对于盘盈的固定资产、接受捐赠的固定资产这些特殊的情况，其原始成本资料不易取得，应采用其他成本计量属性（如重置成本）计量并作为其原值。

（2）固定资产累计折旧的计量

固定资产使用年限比较长，在使用过程中会逐渐磨损。固定资产的磨损表现在两个方面：一是有形磨损，即物理磨损。是指固定资产在使用过程中逐渐老化，有形磨损是固定资产磨损的主要形式；另一是无形磨损，即精神磨损。是指由于生产技术等的发展，同性能的固定资产价格更低或性能更好，使得原来的固定资产相对贬值了。

固定资产累计折旧的计量要涉及固定资产原值、使用年限、固定资产在将来报废时需追加的清理费、报废时可能收回的残值。固定资产累计折旧的计提以一个会计期间（年、月）进行。计提固定资产折旧的计算公式为：

年折旧额 =（固定资产原值＋预计清理费—预计残值）/固定资产使用年限

月折旧额 = 年折旧额/12

在实际中，会计人员并不是按照上述折旧额的公式计提固定资产折旧，而是在固定资产有效使用年限内计算固定资产的折旧率从而计算固定资产的折旧。实际中采用的固定资产折旧公式为：

年折旧率 = 固定资产年折旧额/固定资产原值

= （固定资产原始价值＋预计清理费—预计残值）/固定

资产原值×预计使用年限×100%

月折旧率 = 年折旧率/12

（3）固定资产净值的计量

固定资产的净值反映了一个企业的固定资产的新旧程度。它是固定资产的原值与固定资产累计折旧相减的结果。

三、资产的记录、核算

（一）资产记录、核算的账户设置

要记录、核算企业资产的增减变动情况，需要设置资产类账户。资产类账户中的具体账户在上面章节中已基本介绍，此处不再赘述。

（二）资产核算的举例

【业务1】某制药公司收到投资者投入的资本现金10,000,000元存入银行；同时收到经评估确认的价值为2,000,000元的无形资产。

该业务发生使得企业的银行存款增加、无形资产增加，同时使得实收资本增加。

账务处理如下：

借：银行存款　　　10,000,000

　　无形资产　　　　2,000,000

　　　贷：实收资本　　　　　12,000,000

【业务2】用银行存款购买原材料价值400,000元，材料已验收入库。

购买原材料在原材料的采购成本没有核算出来之前记入"材料采购"账户的借方，同时记入"银行存款"账户的贷方。账务处理如下：

借：材料采购　　　400,000

　　　贷：银行存款　　　400,000

【业务3】购买上述原材料支付运输费、装卸费共计3,000元。其中银行存款支付2,600元，现金支付400元。要求同时结转材料采购成本。

该业务发生同样记入"材料采购"账户的借方，同时计入"银行存款"和"库存现金"账户的贷方。账务处理如下：

借：材料采购　　　3,000

　　　贷：库存现金　　　　400

　　　　银行存款　　　2,600

结转材料采购成本，账务处理如下：

借：原材料　　　403,000

　　　贷：材料采购　　　403,000

【业务4】提取本月厂部固定资产折旧18,000元，生产车间固定资产折旧67,000元。

提取厂部的固定资产折旧记入"管理费用"账户的借方，提取生产车间的固定资产折旧记入"制造费用"账户的借方。同时记入"累计折旧"账户的贷方。账务处理如下：

借：管理费用　　　18,000

　　制造费用　　　67,000

　　　贷：累计折旧　　　　85,000

【业务5】生产领用原材料100,000元，用于制造药品A。

该业务发生使得A产品的生产成本增加，同时原材料减少。账务处理如下：

借：生产成本——基本生产成本——A产品——直接材料　　100,000

　　　贷：原材料　　　　　　　　　　　　　　　　　100,000

【业务6】从银行提取现金100,000元以备用。

同城结算最常用的是支票结算。支票结算包括转账支票结算和现金支票结算。现金支票可以提取现金，也可以转账。转账支票只能转账。

该业务发生使得银行存款减少，库存现金增加。账务处理如下：

借：库存现金　　　100,000

　　　贷：银行存款　　　100,000

【业务7】将生产的药品卖给长江公司，货款计560,000元。长江公司开出一张90天到期、票面利率为6%的商业承兑汇票。

该业务发生主营业务收入增加，同时应收票据增加。账务处理如下：

借：应收票据——长江公司　　　560,000
　　　贷：主营业务收入　　　　　　　560,000

【业务8】20天后，因本公司需用资金将商业承兑汇票向银行申请贴现。贴现率为9%。

当企业急用资金时，可以将其持有的票据向银行申请贴现，以换取现金。如该票据为带息票据，则应将票面利息与贴现息的差额确认为财务费用。若票面利息大于贴现息，为财务费用减少；反之则为财务费用增加。

票面利息 = 560,000 × 90 × 6%/360 = 8,400（元）

贴现息 = 560,000 × 70 × 9%/360 = 9,800（元）

贴现实收金额 = 560,000 + 8,400 − 9,800 = 558,600（元）

该业务发生账务处理如下：

借：银行存款　　　　　　　　　558,600
　　财务费用——利息费用　　　1,400
　　　贷：应收票据——长江公司　　560,000

【业务9】期末按比例计提坏账准备3,000元。

该业务发生账务处理如下：

借：资产减值损失——坏账损失　　3,000
　　　贷：坏账准备　　　　　　　　　3,000

第二节　负债的确认、计量和记录

一、负债的概念和分类

（一）负债的概念

负债是由于企业过去的交易或事项形成的，预期会导致经济利益流出企业的现时义务。现时义务是企业在现行条件下已承担的义务。这些义务已经形成，企业必须要按一定的方式在指定的期间清偿。如企业购买固定资产，款项未付。该款项就是企业在现行条件下已承担的债务，企业必须按一定方式在指定的期间进行清偿。而如果企业将要向银行借款，在款项借贷没有成立之前，不属于现时义务，不能确认为负债。

负债是企业债权人对企业资产的要求权或者是企业对其债权人所承担的经济责任。

（二）负债的特点

1. 负债是企业过去的交易或事项形成的。企业交易形成的负债如前例企业购买固定资产，款项未支付；企业某些事项的发生也负有偿还债务的责任，如企业进行生产经营活动，负有纳税的义务，在税金没有缴纳之前，形成企业负债。

2. 负债的发生预期会导致经济利益流出企业。发生负债企业不论以何种形式偿还，都将导致经济利益流出企业。

3. 负债应当能够用货币进行准确计量或者合理估计。例如企业赊购固定资产所形成的负债可以通过货币准确计量；企业进行生产经营活动需要缴纳税金。如企业缴纳的所得税，在预缴时，可以通过合理估计确定其金额。

4. 负债是企业承担的现时义务。现时义务是企业在现实条件下已承担的义务。

（三）负债的分类

负债按照偿付期限的长短分为流动负债和非流动负债。

1. 流动负债

根据《企业会计准则》，负债中满足下列条件之一者为流动负债。①预计在一个正常营业周期中清偿；②主要以交易为目的而持有；③自资产负债表日起一年内到期应予清偿；④企业无权自主地将清偿推迟至资产负债表日后一年以上。

流动负债具体包括短期借款、应付账款、应付票据、预收账款、其他应付款、应付职工薪酬、应交税费、应付股利等。

流动负债具有下列特点：

（1）偿还期比较短。根据流动负债确认的条件，偿还期较短的负债确认为流动负债。

（2）流动负债是通过交易或事项产生的。企业通过向银行或其他金融机构贷款，或者通过购买商品或接受劳务，会导致负债增加；某些事项的发生，也会使得企业负债增加。例如企业进行生产经营活动，这一事项的发生会使得企业负有缴纳税金的义务。在未缴纳税金之前，则形成企业负债。

知识链接

资产负债表日是指结账和编制资产负债表的日期。

2. 非流动负债

非流动负债是指不满足上述任一条件之一的负债。是企业向债权人筹集的可供企业长期周转使用的资金来源。具体包括长期借款、应付债券、长期应付款、其他长期负债。

非流动负债具有下列特点：

（1）偿还期比较长，超过一个正常的经营周期。

（2）每次发生的数额较大，需要支付使用成本。企业持有的非流动负债数额较大，时间较长，需要支付的较大的使用成本即利息。

二、流动负债的确认、计量

（一）流动负债的确认

根据上述流动负债的概念和特点，确认为流动负债首先是其偿还期比较短，再者就是它必须由交易或事项引起。如前所述企业通过交易会形成负债。例如购买固定资产、原材料等，款项未付会形成负债；事项的发生亦会形成负债。企业进行生产经营活动，负有向国家缴纳税金的义务。企业在未缴纳税金之前，则会形成负债。

（二）流动负债的计量

负债的金额必须以货币加以确定。它是企业在某个约定的时间用资产或劳务进行偿付的金额。负债金额确定的方式有两种：一是以负债发生的实际金额计量。企业在赊购固定资产、原材料等时，所形成的负债均可准确计量。实际上企业的大多数负债都可准确计量。二是事先无法准确计量的负债，可以通过合理估计进行。例如企业缴纳的所得税是根据企业本年月度或季度的利润额、或者按照企业上一年度应纳税所得额的月度或季度平均额、或者按照经税务机关确认的其他方法预缴，年终汇算清缴。预缴的所得税在没有缴纳之前，属于企业的负债，该负债是通过合理估计确定的。

三、流动负债的记录、核算

（一）流动负债的账户设置

企业记录核算流动负债需要设置流动负债账户。流动负债账户包括"短期借款"、"应付账款"、"应付票据"、"预收账款"、"其他应付款"、"应付职工薪酬"、"应交税费"等。

1. "短期借款"账户

"短期借款"账户属于负债类账户。该账户用来核算和反映企业向银行或其他金融机构等借入的期限在一年以下（包含一年）的各种借款。企业借入各种短期借款时记入该账户的贷方；归还短期借款时记入该账户的借方。该账户期末一般为贷方余额，表示企业尚未归还的短期借款。它可以按照借款种类、贷款人、币种设置明细账。

2. "应付票据"账户

"应付票据"账户属于负债类账户。该账户核算和反映企业购买材料、商品和接受劳务供应等开出、承兑的商业汇票，包括银行承兑汇票和商业承兑汇票。企业开出承兑的商业汇票或以承兑的商业汇票抵付货款、应付账款时记入该账户的贷方；企业支付票款时记入该账户的借方；或者应付票据到期，企业无力支付票款，按照应付票据的票面价值记入该账户的借方。该账户期末一般为贷方余额，表示企业尚未到期的商业汇票的票面余额。它可以按照债权人设置明细账。

企业还应当设置"应付票据备查簿"，详细登记每一张商业汇票的种类、号数和出票日期、到期日、票面余额、交易合同号和收款人姓名或单位名称以及付款日期和金额等资料。应付票据到期结清时，应当在备查簿中逐笔注销。

3."应付账款"账户

"应付账款"账户属于负债类账户。该账户核算和反映企业因购买材料、商品和接受劳务供应等经营活动应支付的款项。企业购入材料、商品等验收入库，但款项尚未支付，应按发票账单或随货同行的发票记载的实际价款或暂估价款记入该账户的贷方；接受供应方提供劳务而发生的应付未付款项，按供应方发票账单记入该账户的贷方；支付上述款项时记入该账户的借方。该账户期末一般为贷方余额，表示期末尚未支付的应付账款余额。它可以按照债权人设置明细账。

4."预收账款"账户

"预收账款"账户属于负债类账户。该账户核算和反映企业按照合同规定预收的款项。企业向购货方预收款项时记入该账户的贷方；销售实现时，按照实现的销售收入记入该账户的借方。该账户期末一般为贷方余额，表示企业预收的款项。期末如有借方余额，表示企业尚未转销的款项。它可以按照购货方设置明细账。

假设企业的预收账款不多，可将预收的款项直接计入"应收账款"账户的贷方。

5."其他应付款"账户

"其他应付款"账户属于负债类账户。该账户核算和反映企业除应付账款、应付票据、预收账款、应付职工薪酬、应付股利、应交税费等经营活动以外的其他各种应付、暂收的款项。如应付租入固定资产和包装物的租金、存入的保证金、职工未按期领取的工资、应付、暂收所属单位、个人款项等。企业发生各种其他应付、暂收款项时记入该账户的贷方；企业支付各种其他应付、暂收款项时记入该账户的借方。该账户期末一般为贷方余额，表示企业应付未付的其他应付款项。它可以按照其他应付款的项目和对方单位（或个人）设置明细账。

6."应交税费"账户

"应交税费"账户属于负债类账户。该账户核算企业按照税法规定计算应缴纳的各项税费。包括增值税、消费税、营业税、所得税、资源税、土地增值税、城乡维护建设税、房产税、土地使用税、车船使用税、教育费附加、矿产资源补偿费等。企业代扣代缴的个人所得税亦在此核算。企业不需预计缴纳的印花税、耕地占用税等不在此账户中核算。企业应缴未缴上述税金时记入该账户的贷方；企业实际缴纳上述税金时记入该账户的借方。该账户期末一般为贷方余额，表示企业尚未缴纳的税费；期末如有借方余额，则表示企业多缴或尚未抵扣的税费。它可以按照应交税费的税种设置明细账。应交的增值税还应分别按照"进项税额"、"销项税额"、"出口退税""进项税额转出"、"已交税金"等设置专栏设置明细账。

7."应付股利"账户

"应付股利"账户属于负债类账户。该账户核算和反映企业分配的现金股利或利润。企业分配的股票股利，不通过该账户核算。企业应根据股东大会或类似机构通过的利润分配方案，按应支付的现金股利或利润记入该账户的贷方；企业实际支付现金股利或利润时记入该账户的借方。该账户期末一般为贷方余额，表示企业尚未支付的现金股利或利润。它应当按照投资人设置明细账。

（二）流动负债的核算举例

【业务1】某制药公司因资金周转需要向银行借入半年期的短期借款600,000元。存入开户银行。

该业务发生使得企业银行存款增加，同时短期借款增加。账务处理如下：

借：银行存款　　　600,000
　　贷：短期借款　　　　　600,000

【业务2】向东方公司购进试验用仪器，价值76,000元，款未付。

该项业务发生使得企业固定资产增加，应付账款增加。账务处理如下：

借：固定资产　　　　　　　76,000
　　贷：应付账款——东方公司　　　76,000

【业务3】假设向银行借入一年期以下借款的年利率为4.2%，预提本月向银行借款600,000元的借款利息。

预提向银行借款的利息使得企业财务费用增加、同时其他应付款增加。该月预提的银行借款利息为2,100元（600,000×4.2%×1/12＝2,100）。账务处理如下：

借：财务费用——利息费用　　2,100
　　贷：其他应付款　　　　　　2,100

【业务4】收到南方公司购货定金50,000元，存入银行。

该业务发生使得企业银行存款增加，同时预收账款增加。账务处理如下：

借：银行存款　　　　　　　50,000
　　贷：预收账款——南方公司　50,000

【业务5】销售价值600,000元的药品给南方公司。余款尚未收讫。

该业务发生使得企业预收账款减少，应收账款增加，同时主营业务收入增加。账务处理如下：

借：应收账款——南方公司　550,000
　　预收账款——南方公司　　50,000
　　贷：主营业务收入　　　　　600,000

【业务6】支付上述向东方公司购进实验仪器款项76,000元。

该业务发生使得企业银行存款减少，同时应付账款减少。账务处理如下：

借：应付账款——东方公司　76,000
　　贷：银行存款　　　　　　　76,000

【业务7】该制药公司年末向股东分配并实际支付现金股利，共计1,000,000元。

该业务是企业向股东进行利润分配，未支付之前企业的负债增加，即应付股利增加；支付之后，企业的负债应付股利减少，同时银行存款亦减少。账务处理如下：

进行利润分配时：

借：利润分配　　　1,000,000

　　贷：应付股利　　　　　1,000,000

支付现金股利时：

借：应付股利　　　1,000,000

　　贷：银行存款　　　　　1,000,000

四、非流动负债的确认、计量

非流动负债的确认条件和特点前面已述。非流动负债的偿还期比较长，超过一个正常的经营周期，而且每次发生的数额比较大，需要支付使用成本。非流动负债作为企业筹集的一项可供企业长期使用的资金，一般用于企业长期投资，例如修建、扩建厂房，购置机器设备等。企业如果通过借入非流动负债筹集长期资金，由于它的偿还期较长，对于它不仅要考虑它的实际使用成本，而且还要考虑资金的时间价值。

企业可以通过以下途径筹集长期资金从而形成非流动负债。一是通过向银行借款；二是通过向公众发行期限为一年以上的债券；三是通过租赁公司融资租入固定资产等。非流动负债是以实际发生或取得的资金进行计量。具体来说，通过向银行借入的非流动负债，以向银行借入的实际金额记录；通过发行债券形成的非流动负债，以债券票面价格记录；通过租赁公司融资租入固定资产所形成的非流动负债，以租金数额记录。企业不论以何种方式筹集非流动负债都要支付使用成本，并且要考虑资金的时间价值。

知识拓展

融资租赁是指出租人根据承租人对供货人和租赁标的物的选择，由出租人向供货人购买租赁标的物，然后租赁给承租人使用的租赁方式。

五、非流动负债的记录、核算

（一）非流动负债记录的账户设置

企业进行非流动负债的核算，需要设置长期借款、应付债券、长期应付款等账户进行。

1."长期借款"账户

长期借款是指企业向银行或其他金融机构借入的、期限在一年以上（不含一年）的各项借款。借入的长期借款一般用于企业固定资产的购建，固定资产的改建、扩建工程，固定资产大修理工程，企业对外投资和保持企业长期经营能力等需要。企业通过设置负债类账户"长期借款"账户进行核算。

"长期借款"账户是用来核算和反映企业长期借款的借入、归还和利息等情况的账户。企业借入长期借款的本金及每期计提的利息记入该账户的贷方。企业偿还长期借款本息时记入该账户的借方。该账户期末一般为贷方余额，表示尚未偿还的长期借款的本息。它可以按照贷款单位和贷款种类，分别设置"本金"、"利息调整"等账户进行明细核算。

2. "应付债券"账户

应付债券是企业向公众发行偿还期超过一年（不含一年）的债券所形成的负债。它是企业筹集非流动负债的重要方式。企业通过设置负债账户"应付债券"账户核算偿还期超过一年（不含一年）的债券。

"应付债券"账户是用来核算和反映企业为筹集长期资金而发行的债券的本金和利息的账户。企业发行偿还期超过一年（不含一年）的债券的本金和利息记入该账户的贷方。归还债券的本金和利息时记入该账户的借方。该账户期末一般为贷方余额，表示企业尚未偿还的债券本息。它通过设置"面值"、"利息调整"、"应计利息"等明细账户核算应付债券的发行、计提利息及还本付息等情况。

企业涉及的非流动负债除了上述长期借款和应付债券外还有长期应付款和其他长期负债等。下面简要叙述。

长期应付款是企业除长期借款和应付债券以外的其他各种长期应付款项。包括以分期付款方式购入固定资产和无形资产所发生的应付账款、应付的融资租入固定资产租赁费等。

其他长期负债是指企业除长期借款、应付债券和长期应付款以外的非流动负债。例如专项应付款，它是企业接受国家拨入的具有专门用途的拨款。如专项用于技术改造、技术研究等，以及从其他来源取得的款项。企业通过设置"专项应付款"账户核算专项应付款的增减变化情况，并按照专项应付款种类设置明细账，进行明细核算。

（二）非流动负债核算举例

【业务1】某制药公司为扩建厂房而向银行借入期限为三年的长期借款 5,000,000 元，存入银行。

该业务发生使得企业的银行存款增加，同时长期借款增加。账务处理如下：

借：银行存款　　5,000,000

　　贷：长期借款　　　　　　5,000,000

【业务2】经批准，向公众发行期限为5年的企业债券 10,000,000 元，所筹资金存入银行。

该业务发生使得企业银行存款增加，同时应付债券增加。账务处理如下：

借：银行存款　　10,000,000

　　贷：应付债券　　　　　　10,000,000

会计学原理

第三节　所有者权益的确认、计量和记录

权益是企业资产的所有权归属。包括负债和所有权权益两部分。

所有者权益是指企业的资产扣除负债后，由所有者享有的剩余权益，它是企业所有者对企业净资产的要求权。对于股份公司来说所有者权益又称为股东权益。

所有者将资产投入企业，提供企业生产经营的所需，使得企业的生产经营活动得以顺利进行，同时投资者对其投入的资产也具有要求权，它与债权人的要求权不同。投资者投入企业的资产愿意供企业长期使用并将生产经营获利留在企业，都是希望获得更大的所得。债权人对企业资产的求偿权优先于企业的所有者，只有当企业归还了负债之后，剩下的部分才归属于所有者所有。

所有者权益包括所有者投入的原始资本，会计上称为实收资本或股本；企业利用投资者投入的资本进行生产经营活动获得的利润，这一部分增值的权益也归所有者所有，该部分权益会计上称为留存收益。如果投资者投入的资本超过其注册资本部分或超过股本中所占份额的部分（即资本溢价或股本溢价）以及发生直接计入所有者权益的利得或损失等形成的权益称为资本公积。它也是所有者权益的一部分。

由于企业特性和法律规范的不同，所有者权益的构成也有所不同。对于个人独资企业的出资者或合伙企业的合伙人，因为它们是对企业的债务承担无限连带责任，所以其所有者权益表现为各个业主的资本，即个人独资企业以实际投资额作为资本，合伙企业以合伙协议规定的出资额作为资本。而根据《公司法》以及其他相关法律规定公司则是以其注册资本作为实收资本或股本。本书以公司为例讲述所有者权益。

一、所有者权益的确认、计量

（一）实收资本（股本）的确认、计量

公司制企业分为有限责任公司和股份有限公司两种。公司制企业应以其经过政府依据《公司法》以及其他法律规定批准的注册资本确定实收资本（或股本）。

有限责任公司收到的投资通过"实收资本"账户核算。股份有限公司通过发行股票筹集股本，其筹集的股本通过"股本"账户核算。股票发行可以按照面值发行、可以超过面值发行，即溢价发行、也可以低于面值发行，即折价发行（我国《公司法》规定股票不允许折价发行）。不管股票按照何种价格发行，都必须按照股票的票面价值确认股本，而不能按照溢价发行价格和折价发行价格确认股本，因为利润分配是按照股份数进行的。

（二）资本公积的确认、计量

资本公积包括资本（或股本）溢价和直接计入所有者权益的利得或损失。

1. 资本（或股本）溢价

资本（或股本）溢价是指有限责任公司或股份有限公司的投资者的出资额超过了注册资本（或股本）的部分。对于股份有限公司来说，这一部分权益不参与利润分配，但构成股东权益。

2. 直接计入所有者权益的利得或损失

直接计入所有者权益的利得或损失是指在企业非日常活动中形成，会导致所有者权益增减变动的，与所有者投入资本或者向所有者分配利润无关的利得或损失。例如非常损失、可供出售的金融资产的公允价值的变动额、自用的房地产转化为采用公允价值计量的投资性的房地产时，其公允价值大于账面价值的差额等。

（三）留存收益的确认、计量

留存收益是公司从生产经营活动所实现的利润中，从其经营发展策略的需要，或由于法定的原因等而没有分配留在公司的那部分利润。它由盈余公积和未分配利润构成。

1. 盈余公积

盈余公积是公司从税后利润当中提留的一种积累，它是一种已分派的留存收益，具有专门的用途。企业计提一定数额的盈余公积金，可以为企业扩大再生产提供积累资金，还可以为企业抵抗经营风险提供资金保证等。盈余公积一般不能用于分派股利。我国《公司法》明确规定了企业盈余公积的计提和构成。

（1）法定盈余公积。《公司法》规定企业在分配当年的税后利润时，应当提取税后利润的10%作为法定盈余公积。当提取的法定盈余公积的累计数超过注册资本的50%以上时，可以不再计提。

（2）任意盈余公积。企业提取法定盈余公积后，经股东大会决议，可以按自行规定的比例提取任意盈余公积，也可以不提。

2. 未分配利润

未分配利润是企业已实现的利润扣除各种利润分配后的结余数。

二、所有者权益的记录、核算

（一）所有者权益核算的账户设置

1. "实收资本（或股本）"账户

"实收资本（或股本）"账户属于所有者权益账户。该账户核算和反映公司投资人的资本投入情况的账户。企业接受投资者投入的资本，按注册资本或按股票面值确认的股本记入该账户的贷方。为了保护债权人的利益，法律不允许公司投资人或股东在公司经营期间抽回投资，所以借方一般不进行核算。除非公司解散，才核算投资人或股东抽回的投资额；经法定程序报批减少注册资本或归还投资时亦记入该账户的借方。该账户期末一般为贷方余额，表示企业实收资本或股本的总额。它可以按照投资者的名称或股份类别设置二级账。股份有限公司还可以按照股东名称设置明细账。若股东太多可以另造股东名册。

2."资本公积"账户

"资本公积"账户属于所有者权益账户。该账户用来核算和反映企业收到的投资者的出资额超过其注册资本（或股本）的部分，以及直接计入所有者权益的利得或损失。上述资本公积增加时记入该账户的贷方；资本公积减少时记入该账户的借方。该账户期末一般为贷方余额，表示资本公积的结余数。它可以按照"资本（或股本）溢价"、"其他资本公积"设置明细账。

3."盈余公积"账户

"盈余公积"账户属于所有者权益账户。该账户用来核算和反映按照有关法律规定从公司净利润中提留的留存收益及其使用情况的账户。公司提留留存收益时记入该账户的贷方；留存收益使用时记入该账户的借方。该账户期末一般为贷方余额，表示公司历年的留存收益的累积数额。它可以按照"法定盈余公积"、"任意盈余公积"等设置明细账。

4."利润分配"账户

"利润分配"账户属于所有者权益账户。该账户用来核算和反映企业利润的分配（或亏损的弥补）和历年分配利润（或弥补亏损）后的结存余额。年度末企业将本年实现的净利润从"本年利润"账户转入该账户时记入贷方。企业进行利润分配时，记入该账户的借方；企业年度末如出现净亏损则做相反记录。期末将该账户所属的其他明细账户的余额转入明细账"未分配利润"之后，该账户除了"未分配利润"明细账之外，其他明细账均无余额。它可以按照"提取法定盈余公积"、"提取任意盈余公积"、"应付现金股利或利润"、"转作股本的股利"、"盈余公积补亏"、"未分配利润"等设置明细账。

5."所得税费用"账户

"所得税费用"账户属于损益类账户。该账户核算和反映企业确认的应当从当期利润总额中扣除的所得税费用。资产负债表日，企业按照税法规定计算的当期应纳税所得额记入该账户的借方。期末将该账户余额转入"本年利润"账户时记入贷方。结转后该账户期末无余额。它可以按照"当期所得税费用"等设置明细账。

（二）所有者权益核算举例

【业务1】经批准某制药股份公司向公众发行股票1000万股。股票票面价值为8元，发行价为10元。所筹资金存入银行。

该业务发生使得企业银行存款增加，同时股本增加，资本公积增加。账务处理如下：

借：银行存款　　　100,000,000
　　贷：股本　　　　　　　80,000,000
　　　　资本公积　　　　　20,000,000

【业务2】假设该公司本年度实现利润6,000,000元，按25%的所得税率计算缴纳的企业所得税，并按税后利润的10%提留法定盈余公积。

企业的应纳税所得额 $=6,000,000×25\%=1,500,000$ （元）

该项业务发生企业的所得税费用增加，应交税费增加。账务处理如下：

借：所得税费用　　　　　　1,500,000

　　贷：应交税费——应交所得税　1,500,000

按照税后利润10%提留的法定盈余公积 $=4,500,000×10\%=450,000$ （元）。该项业务发生使得企业盈余公积增加，同时企业进行利润分配，使得利润减少。账务处理如下：

借：利润分配——提取盈余公积　450,000

　　贷：盈余公积　　　　　　　　　450,000

【业务3】经股东大会决议，本年度利润按照0.3元分派现金股利，共需分派30,000,000元现金股利。

股利在没有支付之前，应在负债类账户"应付股利"账户的贷方进行核算，同时借记"利润分配"账户。账务处理如下：

借：利润分配——应付现金股利　30,000,000

　　贷：应付股利　　　　　　　　　　30,000,000

第四节　资产负债表的编制

知识拓展

从新会计准则体系中可以发现，我国正努力实现从利润表观向资产负债表观的转变，相应地，财务报表的重心也逐渐由利润表转向资产负债表。长期以来，我国企业会计信息的使用者大多偏好利润指标。从监管方面看，在资本市场上，公司的上市、配股、停市和退市等监管条件主要是看利润指标；从投资方看，投资者很关心资本的回收，短期行为严重，也很在意企业利润这一指标；从管理层激励考核机制上看，也是很重视利润指标的。因此导致了我国目前以利润表为重心的状况，这说明我国还没有形成充分关注企业长期营利能力和财务状况的环境。但是随着我国会计环境的不断变化，最终将实现与国际财务报告的趋同与等效。

摘自：贝洪俊、白玉华、张洪君编著：《中级财务会计教程与案例》，浙江大学出版社，2011年3月第一版。

一、资产负债表的基本内容和基本格式

会计期末，企业通过对账、结账，结计出企业的资产、负债和所有者权益的期末余额，就可以编制资产负债表了。

（一）资产负债表的概念

资产负债表是反映企业在某一特定时点（一般为会计报告期末）上财务状况的

会计报表。它反映的是企业在此特定时点上所控制的经济资源的分布情况、所承担的债务结构及所有者权益的具体内容等方面的信息。由于该报表反映的是企业在某一特定时点的财务状况，所以又称为财务状况表。

通过资产负债表，企业外部信息的使用者，可以了解分析企业资产的变现能力及资本的结构，评价企业的偿债能力和财务实力等。

（二）资产负债表的基本内容和基本格式

1. 资产负债表的基本内容

资产负债表的表式包括表首、报表内容、表注三部分。其中表首包括报表名称、报表日期、货币名称及计量单位；报表内容反映的是以"资产＝负债＋所有者权益"为基础的具体资产、负债和所有者权益项目及其余额；表注则是对报表主体内容所作的进一步说明。

资产负债表的报表内容由报告期期末所拥有的或控制的所有资产、所承担的所有负债及所有者权益三部分构成。

2. 资产负债表的基本格式

资产负债表有报告式资产负债表和账户式资产负债表两种基本格式。

报告式资产负债表第四章已述，此处不再赘述。

账户式资产负债表依据"资产＝负债＋所有者权益"的平衡关系编制而成。报表左边列示资产项目，右边列示负债和所有者权益项目，它着重反映企业全部资产以及资产的来源。账户式资产负债表中资产、负债、所有者权益项目的排列方式有利于财务报表的使用者通过账户左右双方的对比分析来了解企业的财务状况。我国企业采用账户式资产负债。账户式资产负债表的基本格式如表 6 - 1 所示。

表 6 - 1

资产负债表

20 × × 年 × 月 × 日

单位：人民币元

资　　产	金额	负债和所有者权益	金额
流动资产		流动负债	
货币资金	× × × × ×	短期借款	× × × ×
应收票据	× × × ×	应付票据	× × × ×
应收账款	× × × × ×	应付账款	× × ×
		预收账款	
		其他应付款	× × ×
预付账款	× × × ×	应付职工薪酬	× × × ×
其他应收款	× × ×	应交税费	× × × ×
存货	× × × × ×	应付股利	× × ×
		一年内到期的非流动负债	× × × ×
一年内到期的非流动资产	× × × ×	流动负债合计	× × × × ×
流动资产合计	× × × × × ×	非流动负债	

资　　产	金额	负债和所有者权益	金额
非流动资产		长期借款	××××××
长期股权投资	×××××	负债合计	×××××
固定资产	×××××	所有者权益	
无形资产	×××××	实收资本	××××××
		资本公积	××××
		盈余公积	××××××
		未分配利润	
非流动资产合计	××××××	所有者权益合计	××××××
资产总计	×××××××	负债和所有者权益总计	×××××××

二、资产负债表的排列方式

账户式资产负债表分为资产、负债和所有者权益三大类，每一类包括的若干具体内容称为项目，在资产负债表中项目要按照一定的标志排列。

账户式资产负债表的左边资产是按照流动性或变现能力的强弱自上而下排列的，变现能力强的在上，变现能力弱的在下。资产分成流动资产和非流动资产，流动资产在上，非流动资产在下。按照上述规则，通常流动资产项目的排列顺序为货币资金、交易性金融资产、应收票据、应收账款、预付账款、其他应收款、存货等；非流动资产项目的排列顺序为长期股权投资、固定资产、无形资产等。

账户式资产负债表右边包括负债和所有者权益（或股东权益）。负债排列在上，所有者权益（或股东权益）排列在下。负债按照到期日的远近划分排列。到期日越近的项目，越排在上面；到期日越远的项目越排在下面。负债分为流动负债和非流动负债，流动负债在上，非流动负债在下。按照上述规则，通常流动负债项目的排列顺序为短期借款、应付票据、应付账款、预收账款、应付职工薪酬、应交税费、应付股利、其他应付款等；非流动负债项目的排列顺序为长期借款、应付债券、长期应付款等。

所有者权益按照可供企业使用的永久性程度排列，可供企业越永久使用的项目越排在上面。按照上述规则，所有者权益项目的排列顺序为实收资本（股本）、资本公积、盈余公积、未分配利润。

三、资产负债表的编制方法

（一）资产负债表的编制依据

资产负债表是反映企业在某一特定时点（一般为会计报告期末）上财务状况的会计报表。它反映的不是记账的直接对象，而是记账的结果。而且还要总括反映期末企业资产、负债、所有者权益的情况，因此，它主要是根据总分类账簿（同时也参考明细分类账簿）记录中的期末余额编制的。

（二）资产负债表项目的内容

资产负债表是根据总分类账簿（同时也参考明细分类账簿）记录中的期末余额编制的。这就意味着在编制资产负债表时，资产负债表中的项目是以账户余额为依据填列的。具体来说，资产负债表中的一些项目，是根据相应账户的期末余额直接填列的。例如应收票据、应收账款等项目就是分别根据"应收票据"和"应收账款"账户的期末余额直接填列的；资产负债表中的一些项目，是根据若干个账户的期末余额相加后填列的。例如货币资金、存货等项目。货币资金项目是根据"库存现金"账户的期末余额、"银行存款"账户的期末余额以及"其他货币资金"账户的期末余额相加后填列的；资产负债表中的一些项目，是根据对两个账户的期末余额分析后填列的。例如未分配利润项目是对"本年利润"账户和"利润分配"账户的期末余额分析后填列的；资产负债表中的一些项目是对相应账户的明细情况分析后分别填列的。例如对"长期股权投资"账户的明细情况进行分析，若"长期股权投资"账户中有在一年内到期的投资，则将该部分列入"一年内到期的非流动资产"项目，归为流动资产，剩余的部分则列入"长期股权投资"项目，归为非流动资产。再如对"长期借款"账户的明细情况进行分析，若"长期借款"账户中有在一年内归还的借款，则将该部分列入"一年内到期的非流动负债"项目，归为流动负债，剩余的部分则列入"长期借款"项目，归为非流动负债。总之，资产负债表中项目是依据账户余额得到的，两者有时又有区别。

（三）资产负债表的编制方法

下面举例说明资产负债表的编制方法。

某制药股份有限公司某年 12 月 31 日各账户余额资料如表 6-2。

表 6-2　　　　　　　　　　**某制药股份有限公司账户余额表**

20××年×月×日　　　　　　　　　　　　　单位：人民币元

账户名称	账户余额	
	借方	贷方
库存现金	4,257	
银行存款	2,563,789	
应收票据	660,000	
应收账款	1,278,000	
坏账准备		25,560
预付账款	180,000	
其他应收款	90,000	
原材料	2,600,000	
生产成本	3,680,000	
库存商品	390,000	

账户名称	账户余额	
	借方	贷方
长期股权投资	1,900,000	
固定资产	5,800,000	
累计折旧		600,000
无形资产	3,000,000	
短期借款		1,500,000
应付票据		600,000
应付账款		760,000
预收账款		220,000
其他应付款		86,000
应付职工薪酬		95,486
应交税费		190,000
应付股利		200,000
长期借款		3,000,000
股本		8,000,000
资本公积		3,440,000
盈余公积		1,960,000
本年利润		2,389,000
利润分配	920,000	

上述账户余额中,"长期股权投资"账户中有500,000元将在一年内到期;
"长期借款"账户中有800,000元将在一年内偿还。

根据上述各账户余额,编制该制药股份有限公司的资产负债表。如表6-3
所示。

表6-3　　　　　　　　　　某制药股份有限公司资产负债表

20××年×月×日　　　　　　　　　　单位:人民币元

资产	金额	负债和股东权益	金额
流动资产		流动负债	
货币资金	2,568,046	短期借款	1,500,000
应收票据	660,000	应付票据	600,000
应收账款	1,252,440	应付账款	760,000
		预收账款	220,000
		其他应付款	86,000
预付账款	180,000	应付职工薪酬	95,486

资产	金额	负债和股东权益	金额
其他应收款	90,000	应交税费	190,000
存货	6,670,000	应付股利	200,000
		一年内到期的非流动负债	800,000
一年内到期的非流动资产	500,000	流动负债合计	4,451,486
流动资产合计	11,920,486	非流动负债	
非流动资产		长期借款	2,200,000
长期股权投资	1,400,000	负债合计	6,651,486
固定资产	5,200,000	股东权益	
无形资产	3,000,000	股本	8,000,000
		资本公积	3,440,000
		盈余公积	1,960,000
		未分配利润	1,469,000
非流动资产合计	9,600,000	股东权益合计	14,869,000
资产总计	21,520,486	负债和股东权益总计	21,520,486

本章小结

编制资产负债表先要涉及资产、负债、所有者权益的内容。本章首先介绍了资产、负债和所有者权益的概念及其内容。在此基础之上，介绍了账户式资产负债表的结构及编制方法。

思考题

1. 资产的概念和特点是什么？
2. 固定资产折旧的经济实质是什么？
3. 应收票据贴现如何进行核算？
4. 坏账准备如何确认？如何进行账务处理？
5. 负债的概念和特点是什么？
6. 什么是所有者权益？负债和所有者权益的区别是什么？
7. 资产负债表的概念。账户式的资产负债表的编制方法。

本章参考文献

［1］吴水澎. 会计学原理［M］. 辽宁：辽宁人民出版社，2008：204－210.

［2］杨周南，张继德. 新企业会计准则实施操作精要［M］. 北京：机械工业出版社，2007：8－51.

［3］贝洪俊，白玉华，张洪君. 中级财务会计教程与案例［M］. 浙江：浙江大学出版社，2011：225－229，236－238.

［4］中华人民共和国财政部. 企业会计准则（应用指南2006）［M］. 北京：中国财政经济出版社，2006.

［5］财政部会计司. 企业会计准则讲解2006［M］. 北京：人民出版社，2007.

第七章

会计工作规范

【教学目标】通过本章教学掌握会计规范体系的分类及其内容；企业设置会计机构的要求、对会计人员的会计行为的规范；会计档案的规范。

【教学要求】掌握会计规范体系的内容；知晓会计基本原则在会计工作中的具体体现；熟悉对会计机构的设置和对会计人员的职责、权限和职业道德要求；熟悉会计档案的管理要求。

第一节 会计规范体系

通过前面章节的学习可以知道，会计工作是通过对经济信息的确认、计量、纪录和报告等程序，最终产生财务会计报告信息的。在此过程中会计处理会呈现多样性的特点，因此需要对会计工作进行规范。此外在会计工作中还需要设置相应的会计组织机构和配备具有专业知识的会计人员，因此还需要对会计机构和会计人员进行规范。

会计规范是一个国家为协调、管理会计工作所制定的法律、条例、准则、原则、制度、假设等的总称。它以会计理论为指导，将会计工作应遵循的原则和方法以法律、法规的形式固定下来，从而保证会计工作的正常进行。会计规范体系包括会计法律、会计准则、会计制度等。

一、会计法律

新中国的会计法律包括专门针对会计工作的《中华人民共和国会计法》（以下简称《会计法》）以及与会计工作规范相关的法律《公司法》、《税法》等。我国于1985年专门针对会计工作制定了《会计法》。这是一部调整我国经济生活中会计关系的法律规范，也是我国会计法律制度中层次最高的法律规范，它是指导会计工作的准则，也是制定其他会计法规的依据。为符合市场经济发展的要求，《会计法》后经1993年和1999年两次修订，从而突出了其立法宗旨就是规范会计行为，保证会计资料真实、完整；加强经济管理和财务管理，提高经济效益；维护社会主义市场经济秩序。世界各国通过制定专门会计法律规范会计工作的情况并不普遍。

二、会计准则

会计准则是约束会计工作的规范。它是进行会计工作的具体规范，也是评价会计工作质量好坏的准绳。我国于 1992 年财政部以政府法规的形式颁布了《企业会计准则》。其具有相当的强制性，是会计规范体系中的重要一环，也是连接法律规范和其他规范的纽带。目前市场经济国家大多采用会计准则规范会计工作。

我国现行的企业会计准则体系包括 1 项基本准则、38 项具体会计准则、2 项会计科目和会计报表（金融企业会计科目和会计报表及非金融企业会计科目和会计报表）及企业会计准则——应用指南。

上述会计准则包括的基本准则和具体准则是按照对实务的指导作用分类的。基本准则为在 1992 年颁布的《企业会计准则》基础上修订并于 2006 年 2 月颁布的，全称为《企业会计准则——基本准则》。它是会计工作中普遍适用的基本原则和约束条件的概括，是会计工作基本规律、基本特征的原则性规范。现行《企业会计准则——基本准则》规范了财务会计报告的目标、会计假设、会计信息质量特征、会计要素的确认、计量、报告等，为具体准则的制定提供指导原则及为尚无具体准则规范的会计工作提供处理原则；现行《企业会计准则第 1 号——存货》至《企业会计准则第 38 号——首次执行企业会计准则》共 38 项为会计具体准则。它主要规范企业发生的具体交易或事项的会计处理，为企业会计实务提供具体、统一的标准。

随后我国又于 2006 年 10 月颁布了《企业会计准则——应用指南》。作为补充，它是对具体准则中的重点、难点等内容以及对具体准则中的确认、计量要求规定的 156 个会计科目作出解释性规定。

在企业会计准则体系中，基本准则是刚，并对整个准则体系起统驭的作用；具体准则是目，是依据基本准则的要求对有关会计业务或财务报告做出的具体规定；应用指南则是补充，是对具体准则的操作指引。

下面就基本准则和具体准则分别说明。

（一）基本准则

基本准则包括的内容主要有财务会计报告的目标、会计基本假设、会计信息的质量特征和会计要素的确认、计量和报告等内容。

1. 财务会计报告的目标

《企业会计准则——基本准则》第一章总论第四条，规定了财务会计报告的目标。财务会计报告的目标是向财务会计报告使用者提供与企业财务状况、经营成果和现金流量等有关的会计信息，反映企业管理层受托责任履行情况，有助于财务会计报告使用者作出经济决策。

财务会计报告使用者包括投资人、债权人、政府及其有关部门和社会公众等。

2. 会计基本假设

会计工作是在十分复杂的经济环境（包括政治、社会环境）中进行的，要受到很多不确定因素的影响。基于特定社会经济环境，并对财务会计系统的运行和发展起到制约作用的基本前提就是会计基本假设。会计基本假设是会计确认、计量和报告的前提。2006 年颁布的《企业会计准则——基本准则》第一章总论中的第五条至第八条即为会计基本假设，它包括会计主体假设、持续经营假设、会计分期假设和货币计量假设。

（1）会计主体假设

会计主体是会计核算所划定的、在经济上是独立的或者是相对独立的特定空间范围。会计核算就是在该空间范围内接受信息，处理信息和输出信息。会计主体的确定就使得不同主体之间，同一主体及其所有者之间的财务界限清晰可辨。会计主体既可以是一个企业，也可以是若干个企业组织起来的集团公司；既可以是法人，也可以是不具备法人资格的实体。

会计主体和法律主体不完全一致。一般来说，任何进行注册登记的企业（法律主体）都是会计主体，除非其规模太小，不需要记账，则不构成会计主体。同样，大部分会计主体，也应当是法律主体，但下面两种除外：一是大企业内部独立核算的部门，可以是会计主体，但可能不是法律主体；再一是由于控股等行为而编制企业合并报表，其合并的会计主体则不是法律主体。

会计主体假设在应用时还要求，会计所报告的利润，必须是来自不同的会计主体间的、确指的交易，即会计主体内部的任何经济活动本身不产生利润；同时企业所报告的利润必须要与相应的会计主体之间的交易相对应。

（2）持续经营假设

持续经营假设是指如果不存在明显的反证，一般认为企业的经营活动将无限期经营下去，不拟也不必中止经营或破产清算。其中反证是指企业经营活动将会中止的证据。

由于市场竞争的激烈性，企业经营活动确实存在着风险和不确定性，但会计核算应该立足于企业的持续经营，在此基础上会计确认、计量和报告的一系列基础如权责发生制、收入和费用的配比、历史成本等才能确立。持续经营假设规定了会计进行正常活动的时间。

（3）会计分期假设

会计分期是对会计主体持续不断的生产经营活动，人为地划分成一个个连续地、等距离的时间间隔，以便分期进行会计核算和编制财务会计报告。会计分期假设和持续经营假设相辅相成，互为补充。

持续经营假设和会计分期假设是会计递延、应计、预提、摊销等存在的前提。

我国 2006 年颁布的《企业会计准则——基本准则》规定，我国企业的会计分期应采用公历制。并将会计期间划分为年度、半年度、季度和月份。每年 1 月 1 日至本年 12 月 31 日为一个会计年度，每季度首月第一日至该季最后一日为一个会计季度，每月第一日至本月最后一日为一个会计月份。

（4）货币计量假设

会计作为提供财务信息为主的经济信息系统，采用复式记账进行账务处理时必须采用统一的货币进行计量，这是复式记账经过长期发展形成的一种规定。只有运用货币计量才能将各种不同的经济活动进行综合反映。

货币计量假设是指当持续经营的会计主体进行会计核算时，应采用币值稳定的货币作为综合计量的前提。

货币计量假设包括两个层次：一是它是一个计量单位；另一是货币的币值是否稳定。货币计量的基础是假设计量经济事项的币值稳定不变，但并非绝对稳定不变，只是要求其波动幅度不足以影响到用其计量的经济事项的结果。

3. 会计信息的质量特征

会计信息的质量特征是对财务会计报表及所披露的信息的基本质量要求。财务会计报表的使用者根据按照财务会计报表质量基本要求所披露的信息才能作出准确合理的决策。

会计信息主要是通过财务会计报告披露的，所以会计信息的基本质量要求应该按照财务会计报表设计，这也是对财务会计报告的质量要求。

2006年颁布的《企业会计准则——基本准则》中第二章会计信息质量要求的内容是在1992年颁布的《企业会计准则》的基础上变化而来的。分为8个原则，也就是《企业会计准则——基本准则》第二章会计信息质量要求中的第十二条至第十九条，分别是客观性原则、相关性原则、明晰性原则、可比性原则、实质重于形式原则、重要性原则、谨慎性原则和及时性原则。

会计信息的客观性是指会计核算应当以实际发生的交易或事项为依据，如实反映企业财务状况、经营成果和现金流量。会计信息的客观性首先要求会计信息的真实性，也就是要求会计核算的结果应当与企业实际的财务状况和经营成果相一致，如实反映企业的资产价值及其构成、负债的规模及其到期时间、本期企业的盈利情况、现金流量变动情况等，既不高估、也不低估、合理准确反映上述经济情况；会计信息的客观性还要求会计信息的可靠性，即对于经济业务的记录和报告，应当做到不偏不倚，以客观事实为依据，不受会计人员主观意志左右，避免错误并减少偏差。为满足会计信息使用者的决策需要，企业必须提供内容真实、数字准确、资料可靠的会计信息。

会计信息的相关性是财务会计报告信息与其使用者将要作出的决策之间的关联性。它是指财务会计报告信息导致财务会计报告使用者决策发生改变的能力。符合相关性要求的财务会计报告应是能够及时将财务会计报告信息传递出去，以便使信息使用者及时加以利用；应是能够验证对过去某事件的预测、或是对现在某事件的预测并加以修正；或是帮助信息使用者提高预测未来事件的能力，这些都能提高信息使用者的决策能力。因此该原则显得相当重要。2006年颁布的《企业会计准则——基本准则》就是强化了会计信息的相关性，弱化了会计信息的可靠性。

会计信息的明晰性是会计信息质量的首要要求。会计信息的明晰性是指企业进行会计核算和编制财务会计报告应当清晰明了，便于理解和利用。会计信息的使用者首先要弄懂财务会计报告所反映的信息内容，才能准确、完整地把握会计信息的内容并加以利用，为决策提供依据。会计信息的明晰性要求会计核算提供的信息应当浅显易懂，能简单反映企业财务状况、经营成果及现金流量，能为大多数使用者理解。

会计信息的可比性规范了同一企业不同时期发生的相同或者相似的交易或事项，应当采用一致的会计政策，不得随意变更。如确需变更的，应当在附注中说明；不同企业发生的相同或相似的交易或事项，应当采用规定的会计政策，确保会计信息口径一致，相互可比。这就要求同一企业在前后不同时期采用的会计确认、计量、报告等的方法和会计政策基本一致，以保持前后时期同一指标的可比性；同时也要求处于同一行业或生产特性相近的企业采用相同或相似的会计确认、计量、报告等方法和会计政策，以便使它们的会计信息具有可比性。

实质重于形式是指企业应当按照交易或事项的经济实质进行会计确认、计量和报告，不应当仅以交易或者事项的法律形式为依据。该原则是衡量会计信息质量的一般原则和确认、计量的一般原则的补充，是起到修正作用的一般原则。在会计信息失真严重的情况下，它能引导会计人员在进行会计核算时注重会计经济实质，从而保证会计信息的质量。

会计信息的重要性是企业在全面核算的前提条件下，对于会计核算过程中的交易或事项应当按照重要程度有区别的对待，并采用不同的核算方式。对资产、负债、损益等有较大影响，并进而影响财务会计报告使用者据以作出合理判断的重要会计事项，必须按照规定的会计方法和程序进行处理，并在财务会计报告中予以充分、准确地披露；对于次要的会计事项，在不影响会计信息真实性和不误导财务会计报告使用者作出正确判断的前提下，可适当简化处理。

会计核算的重要性原则是要考虑会计信息的成本和效率问题，避免提供会计信息的成本大于收益，在全面反映企业财务会计状况和经营成果的基础之上做到重点突出，核算简化，从而节约人力、物力和财力，提高会计核算工作的效率。会计核算的重要与否取决于其质和量两方面。从性质上讲，当某一事项可能对决策产生一定影响时，就属于重要事项；从数量上讲，当某一事项达到一定规模时，也可能对决策产生影响。在会计核算实践中，某一项目的重要性程度，需要依靠会计人员的职业素养来判断。

会计信息的谨慎性是指某些会计事项在有不同的会计方法可供选择时，应尽可能选择一种不致虚增账面利润、夸大所有者权益的方法为准的原则。谨慎性原则要求企业在进行会计核算时，不得多计资产或收益，少计负债和费用；不得设置秘密准备，滥用该原则。遵循这一原则，要求企业会计人员在面临经济活动的不确定因素时，保持必要的谨慎，充分估计风险和损失，不高估资产或收入，也不低估负债或费用。对于预计会发生的损失应计算入账，对于可能产生的收益则不能预计入账。

例如对可能发生的各项资产计提减值准备即是遵循谨慎性原则。

　　会计信息的及时性是指企业的会计核算应当及时进行，不得提前或延后。会计信息对于会计信息的使用者进行决策来说不仅需要其真实可靠，而且还需要其时效性。过时的会计信息对决策者的使用价值会大大降低，甚至无效。在会计核算中，遵循及时性原则则是要求企业及时收集会计信息、及时加工处理会计信息、及时传递会计信息以满足各类会计信息使用者进行决策的需要。

4. 会计要素的确认、计量和报告

　　现行《企业会计准则——基本准则》第三章至第八章规范了会计六大要素资产、负债、所有者权益、收入、费用及利润的确认。第九章规范了会计计量属性的内容。第十章规范财务会计报告的内容。相关内容前面章节已述，此处不再赘述。

（二）具体准则

　　现行《企业会计准则》有38项具体准则，分成三大类。第一类各个行业共同的准则。该类准则普遍适用于不同的行业和企业。这些具体准则包括：第1号存货、第2号长期股权投资、第3号投资性房地产、第4号固定资产、第6号无形资产、第7号非货币性资产交换、第8号资产减值、第9号职工薪酬、第10号企业年金基金、第11号股份支付、第13号或有事项、第14号收入、第15号建造合同、第16号政府补助、第17号借款费用、第18号所得税、第20号企业合并、第21号租赁、第22号金融工具确认和计量、第23号金融资产转移、第24号套期保值、第28号会计政策、会计估计变更和差错变更、第29号资产负债表日后事项、第34号每股收益和第38号首次执行企业会计准则。

　　第二类有关特殊业务的准则。该类又分为两小类。第一小类是各个行业共有的特殊业务。如第19号外币折算。对于不同的行业在外币折算过程中发生的汇兑损益的处理原则是相同的。第二小类是特殊行业的特殊业务。具体包括第5号生物资产、第15号建造合同、第25号原保险合同、第26号再保险合同、第27号石油天然气开采。这些具体准则都是分别适用于各自的行业，不具普遍性。

　　第三类财务报表准则。财务报表准则包括：第30号财务报表列表、第31号现金流量表、第32号中期财务报告、第33号合并财务报表、第34号每股收益、第35号分部报告、第36号关联方披露、第37号金融工具列报。

三、会计制度

会计制度是在会计法和会计准则基础上制定的，进行会计工作所应遵循的规则、方法及程序的总称。我国会计制度是国家财政部通过一定的行政程序制定的，是会计规范体系和会计实务中带有一定强制性的，非常具体而且可操作性极强的规范。它在我国范围内强调统一可比。

我国在 20 世纪 80 年代末提出了以改革会计核算制度为突破口的会计改革，并借鉴国际惯例在 1992 年颁布了《企业会计准则》，开始逐步建立以会计准则为核心的会计规范体系。该套企业会计准则是企业会计行为指导性的约束和规范。但由于该准则较为概括，在实践中可操作性较弱，随后又根据企业会计准则的要求，按照行业性质制定了 13 个全国性的统一会计制度，以帮助企业具体执行会计准则。结合各行各业生产经营活动的不同特点和管理要求，根据行业性质制定的统一会计制度，打破了之前带有计划经济特点的按照所有制、分部门制定的会计制度的，体现了市场经济的要求。

上述会计规范体系改革中的按照行业性质制定的统一会计制度，是计划经济向市场经济过渡过程中的会计制度，依然存在计划经济的痕迹。之后为适应市场经济的要求，财政部于 2000 年颁布的企业会计制度，彻底打破了行业界限，实行了会计制度的真正统一。

以《会计法》和《企业会计准则》为依据制定的企业会计制度是会计准则指导会计实务的具体体现，是统一会计制度向会计准则过渡的一种手段，随着企业会计准则作用的加强，企业会计制度将逐渐弱化，直至最终完全被企业会计准则取代。

第二节　会计机构和会计人员

案例导读

农行邯郸分行金库被盗案

2007 年，农行邯郸分行的金库管库员任晓峰、马向景利用职务之便疯狂盗取金库现金共计 5095.605 万元。2007 年 3 月 16 日至 4 月 13 日期间，任、马二人利用其看管金库、掌管金库密码和钥匙的便利条件，多次从农行金库盗取人民币现金 3295.605 万元。4 月 14 日，任、马二人再次盗取现金 1800 万元。

2007 年 3 月 29 日，农行查库一次，但没有查出问题。依照农行旬查安排，本应 4 月 1 日至 10 日间还须查库的，但没有查。为了应付查库，任、马二人曾伪造内部调拨单来掩盖账款不符的情况，但根本没用上。查库员查库时一般只清点现金，没有更细致的抽查现金数目是否账款相符。掌管钥匙的不掌管密码，掌管密码的不掌管钥匙；管账的不管钱，管钱的不管帐，这是基本原则。但任某既掌管钥匙又掌管密码，马某既掌管钱又掌管账。此外押运、守库等安全保卫工作实行外包，并在执行过程中存在严重失误，这些都是任、马二人能够得手的原因。

摘编自：南方报业传媒集团——21 世纪经济报

会计准则能否得以有效运用的前提条件是科学合理地设置会计机构、配备与会计工作要求相适应，具有一定专业素养和数量的会计人员。会计机构和会计人员是会计工作的主要承担者。

一、设置会计机构

会计机构是指在单位内部设置的，专门办理会计事项的机构。在我国的会计实际工作中，会计机构往往行使了会计、财务的全部职责。即除了要承担会计核算、提供会计信息的会计工作外，还要负责企业资金的筹集和使用的财务工作。基于此会计机构又称为财务会计机构。

我国现行《会计法》第三十六条规定："各单位应当根据会计业务的需要，设置会计机构，或者在有关机构中设置会计人员并指定会计主管人员；不具备条件设置的，应当委托经批准设立从事会计代理记账业务的中介机构代理记账。"因此一般来说，任何一个独立核算的会计主体都应该设置会计机构。对于不同性质的单位，由于会计主体的职能不同，会计机构的设置也不同。鉴于本书主要基于企业单位而言，所以下面仅介绍企业单位的会计机构的设置。

企业单位是指自主经营、自负盈亏的盈利性单位。它包括国有企业、集体企业、私营企业、外资企业、股份制企业、合伙企业、独资企业等各种类型的企业。一般来说，除了规模小、业务简单的企业单位不需要设置专门的会计机构外（但必须进行正常的会计核算），所有的企业单位都必须设置会计机构。企业会计机构的主要会计任务是：有效进行会计核算；进行合理的会计监督；制定本单位的会计制度和会计政策；参与制定本单位的各种计划，并考核计划的执行情况。为有效完成上述会计任务，会计机构设置时内部应进行分工，按照会计流程设置岗位、配备会计人员。此外，会计机构内部岗位的设置还要符合内部控制制度的要求。

知识链接

内部控制制度是指某一企业为保护其会计信息的安全完整和正确可靠，利用企业内部分工而产生的相互制约、相互联系的关系，从而形成一系列具有控制职能的方法、措施、程序，并要求其成员共同遵守的这一系列办事规程。

为提高会计核算的工作效率，企业会计机构的设置还要考虑企业的规模。对于规模大、业务多的企业，可以分层设置会计机构。班组配备指定的会计核算人员；

车间可设置会计机构，配备适量的会计核算人员，从而减少厂部会计机构规模和会计人员的配备。

二、配备会计人员

会计人员是指具体从事某一单位会计工作的专职人员。会计人员按照职位和岗位主要划分为会计机构负责人、主管会计、会计、出纳等；按照会计的专业技术职务划分为高级会计师、会计师、助理会计师、会计员等。一个单位究竟需要配备多少会计人员，设置多少会计岗位，没有统一的标准，应该根据各单位的组织结构形式、业务需要及经营规模等因素进行。一般来说，对于国有和国有资产占控股地位或者主导地位的大、中型企业单位为了统筹整个企业的会计工作，必须设置总会计师；对于设置会计机构或未单独设置会计机构，而在有关机构中配备专职会计人员的，应在其中指定会计主管人员，行使会计机构负责人的职权。

（一）会计人员的从业资格

作为从事技术性很强的会计工作的会计人员，需要有胜任会计工作的任职要求。因此对于会计人员要有从业资格的认定。《会计法》对于不同层次的会计人员有不同的任职要求。《会计法》第三十八条明确了一般会计人员、会计主管人员从事会计职业的任职资格规定。其规定为："从事会计工作的人员，必须取得会计从业资格证书。"也就是明确了从事会计工作的人员，必须取得会计从业资格证书，持证上岗。没有会计从业资格证书者不得从事会计工作。《会计法》第三十八条还规定："担任单位会计机构负责人（会计主管人员）的，除取得会计从业资格证书外，还应当具备会计师以上专业技术职务资格或者从事会计工作三年以上经历"，并规定"会计人员从业资格管理办法由国务院财政部门规定"。会计从业资格证书取得通过会计学历教育和参加资格考试的途径实现。

《总会计师条例》还规定了总会计师的任职资格。作为单位行政领导成员的总会计师须坚持社会主义方向，积极为社会主义建设和改革开放服务；坚持原则，廉洁奉公；须取得会计师资格后，主管一个单位或者单位内一个重要方面的财务会计工作的时间不少于三年；有较高的理论政策水平，熟悉国家财经法律、法规、方针、政策和制度，掌握现代化管理的有关知识；具备本行业的基本业务知识，熟悉行业情况，有较强的组织领导能力；身体健康，能胜任本职工作。

（二）会计人员的职责和权限

1. 会计人员的职责

会计人员的职责概括为认真贯彻执行国家的财经制度、纪律；及时提供真实可靠的会计信息；积极参与单位的经营管理，提高经济效益。根据《会计法》的规定，会计人员的主要职责为会计核算和会计监督，具体包括：

进行会计核算。进行会计核算，及时提供真实可靠的、能满足各方所需的会计信息，是会计人员的最基本职责。会计人员在进行会计核算时必须审核、填制会计凭证，登记账簿，定期进行财产清查，编制财务会计报告。会计核算的内容包括：款项和有价证券的收付；财物的收发、增减和使用；债权债务的发生和结算；资本、基金的增减；收支与成本费用的计算；财务成果的计算和处理；其他会计事项。

实行会计监督。会计人员应该按照国家相关法律、法规，对本单位的会计工作实行监督。具体来说，会计人员可以对不真实、不合法的原始凭证，不予受理；对记载不准确、不完整的原始凭证、予以退回，要求更正补充；对于账簿记录与实物、款项不符的情况应按照有关规定进行处理，无权自行处理的，应报告本单位领导，请求查明原因，作出处理；对于违法国家统一财经制度、财务制度规定的收支，不予办理；应配合诸如税务、审计等机构的监督。

拟订本单位办理会计事务的具体办法。会计人员应该根据国家的相关法律、财经制度纪律，结合本单位的具体情况制定本单位的会计工作所必须遵守的要求和处理会计事务的具体规定。

参与拟定经济计划、业务计划，考核、分析预算、财务计划的执行情况。

办理其他会计事务。是指上述未列入的会计事项。

2. 会计人员的权限

为了保障会计人员能顺利履行自己的职责，《会计法》同时也赋予了会计人员相应和必要的权限。主要包括：

会计人员有权对不真实、不合法的原始凭证，不予受理；对记载不准确、不完整的原始凭证、予以退回，要求更正补充；对于账簿记录与实物、款项不符的情况应按照有关规定进行处理，无权自行处理的，应报告本单位领导，请求查明原因，作出处理；对于违反国家统一财经制度、财务制度规定的收支，不予办理。

会计人员有权对伪造、变造、故意毁灭账簿或帐外设账的行为予以制止和纠正；有权对指使、编造和篡改财务会计报告的行为予以制止和纠正；上述行为制止和纠正无效时，有权向上级主管单位报告，请求作出处理。

会计人员有权要求本单位有关部门及人员认真执行制定的预算、经济计划、业务计划、财务计划。

会计人员有权对本单位的所有会计事项进行会计监督。

（三）会计人员的职业道德

职业道德是人们在职业生活中应该遵循的基本道德，是一般社会道德在职业生活中的具体表现，是职业品德、职业纪律、专业胜任能力及职业责任等的总称。

会计人员的职业道德实际上是在上述职业品德、职业纪律、专业胜任能力及职业责任等方面对会计人员的行为进行规范。

在我国，从事会计工作的会计人员，具有双重身份。他们既是所在企业的一员，要受到企业管理者的领导；同时他们又要为外部相关利益主体提供财务会计信息。他们提供的财务会计报告是否真实，又直接影响到外部相关利益主体据此作出决策的质量。为此为杜绝会计人员由此而产生的不道德行为，需要对会计人员的行为进行规范。

会计人员的职业道德规范应该包括下面内容：

道德品质。熟悉财经法律、法规、规章并按照其规定的程序和要求办理会计事务；实事求是、客观公正。这就要求会计人员在拥有专门的知识和专门的技能的同时，要有实事求是的精神和客观公正的态度，按规定办理会计事务，这样才能保证会计工作的质量。

专业素养和业务能力。会计人员的专业素养是会计人员应该具有广博的经济基础知识和专精的会计知识；会计人员的业务能力是会计人员能够运用相关专业知识，胜任会计工作，解决相关问题的能力。

只有通过建立企业内部控制制度和会计职业道德规范，强化对会计人员的道德约束，才能使得会计人员做到既对所在企业负责又对外部相关利益主体负责，从而对会计人员可能出现的不道德的行为起到防微杜渐的作用。

第三节　会计档案

会计档案是指会计凭证、会计账簿和财务会计报告等会计核算的专业材料，是记录和反映单位经济业务的重要史料和证据。会计档案具体包括：

1. 会计凭证类。包括原始凭证、记账凭证、汇总凭证、其他会计凭证。

2. 会计账簿类。包括总账、明细账、日记账、固定资产卡片、辅助账簿、其他会计账簿。

3. 财务会计报告类。分为月度、季度、年度财务会计报告。具体包括财务会计报表、附表及文字说明、其他财务会计报告。

4. 其他类。包括银行存款余额调节表、银行对账单、其他应当保存的会计核算专业资料、会计档案移交清册、会计档案保管清册、会计档案销毁清册。

作为会计档案的会计凭证、会计账簿、财务会计报告及其他会计资料等，企业应该根据《会计法》、《会计基础工作规范》及《会计档案管理办法》的相关规定，为其建立立卷、归档、保管、查阅和销毁等管理制度，保证会计档案妥善保管、有序存放、方便查阅、严防毁损、散失和泄密。

每年形成的会计档案，应当由会计机构按照归档要求，负责整理立卷，装订成册，编制会计档案保管清册；当年形成的会计档案，可暂由会计机构保管一年，保管期满后，应移交本企业档案机构统一保管；未设保管机构的，应在会计机构内部指定专人保管。出纳不得兼管会计档案；各企业保管的会计档案不得出借。各企业应当建立健全会计档案的查阅、复制登记制度。

会计档案具有保管期限。其保管期限分为两种，一是定期保管，二是永久保管。对于记录内容变化频繁，仅对本期或下期有影响和作用的会计档案可规定保管期限，定期保管。如企业的银行存款余额调节表、会计凭证等均为有定期保管期限的档案。定期保管期限分为 3 年、5 年、10 年、15 年、25 年五类；对于记录内容比较稳定、影响时期比较长的会计档案，则要永久保管。如企业涉及外事的账簿、年度会计报表（决算）等则须永久保存。会计档案的保存期限从会计年度终了后的第一天算起。

会计档案保管期满，企业应当按照会计档案的销毁程序提出销毁意见，编制会计档案销毁清册、企业负责人在会计档案销毁清册上签署意见、销毁时由会计机构和档案机构共同监销，监销人在会计档案销毁清册上签章并报告企业负责人。会计档案保管期满，其中有未结清债权债务的原始凭证和涉及其他未了事项的原始凭证，不得销毁，应当单独抽出立卷并应在会计档案销毁清册和会计档案保管清册中列明。上述未了事项应保管到其完结为止。

本章小结

本章介绍了会计规范体系。会计规范体系包括会计法律、会计准则和会计制度等基本内容；会计工作还要涉及会计机构和会计人员，也应对会计机构的设置、会计人员的配备及会计人员的职责、权限及职业道德等进行规范；会计档案也须建立其管理制度。

思考题

1. 会计规范的分类及其具体内容。
2. 会计基本假设包括哪些内容？
3. 《企业会计准则——基本准则》中对会计信息提出的质量要求有哪些？如何理解？
4. 会计人员的职责和权限有哪些？会计人员的职业道德包括哪些内容？

本章参考文献

[1] 中华人民共和国财政部．企业会计准则（2006）［M］．北京：经济科学出版社，2006：1－2．
[2] 财政部会计司．企业会计准则讲解（2006）［M］．北京：人民出版社，2007．
[3]《中华人民共和国会计法》研究组．中华人民共和国会计法讲解［M］．辽宁：东北财经大学出版社，1999．
[4] 吴水澎．会计学原理［M］．辽宁：辽宁人民出版社，2008：253－254．

第八章

货币资金及票据管理

【**教学目标**】通过本章教学熟悉并掌握库存现金、银行存款的管理办法和会计核算方法；熟悉并掌握各种银行结算方式及其会计核算方法。

【**教学要求**】掌握库存现金的管理规定及库存现金的会计核算方法；掌握银行存款的管理规定和银行存款的会计核算方法；熟悉银行结算方式及其核算方法。

本章主要介绍现金管理办法及其会计核算；银行存款的管理办法及其会计核算；银行结算方式及其核算方法。

货币资金是企业资产的重要组成部分，它属于流动资产范畴。货币资金的流动性很强但盈利性较差，作为交换和流通的手段，它易于转化为其他资产，同时还可以作为储藏手段储藏财富。货币资金按照存放地点和用途不同，可以分为库存现金、银行存款和其他货币资金。

第一节 库存现金及其会计处理

案例导读

小会计贪污案

广东某大型国企财务结算中心原主任助理吴灿乾，负责该总公司结算中心的记账、复核和利息计算工作。该结算中心实质上是公司的内部银行，负责监督下属企业的财务情况，要求下属企业在结算中心开设账户，将资金上缴，并像银行那样支付利息给下属企业。

作为时任结算中心主任助理的吴灿乾，为归还赌债，打起了下属企业上缴给总公司的资金的注意。2002 年 5 月，吴灿乾在现金收款单上偷偷加盖了随意放在桌上的结算中心的公章和结算中心出纳杜某的私章，到下属房地产公司谎称代替出纳杜某领取上缴的现金。下属房地产公司的出纳吴某跟吴灿乾很熟，又见他出示了盖有结算中心公章和出纳杜某私章的收款单，就将一笔 10 多万元的现金交给吴灿乾。

由于总公司和下属企业每月要核对一次账，为防自己私吞公款行为的露馅，吴灿乾利用其计算利息的职务之便，在电脑上篡改了支付给分公司的利息数目，凭空增加了 10 多万元的利息给分公司，以使账面达到平衡。

总公司每年要进行一次年度财务审计，但据吴交代，年度财务审计只关注财务部的账目，对结算中心的账目不是很重视，所以致使其每次都能蒙混过关。

从 2002 年开始，吴灿乾利用虚开收款单、篡改电脑账单等手段，先后作案 49 次，历时 3 年，侵吞公款达 843 万元之多，用于赌博和挥霍。直至其由于私人原因离职，总公司和分公司居然毫无察觉。

摘编自：《信息时报》

一、库存现金管理

库存现金是指会计主体为了满足经营过程中的零星支付需要而保留的现金。

库存现金是流动性最强的货币性资产，具有普遍接受的特点，也就是可以随时购买有形的商品、货物，无形的劳务，还可用于偿还债务等。

（一）库存现金的管理规定

根据现行制度，企业使用库存现金规定如下：

1. 库存现金使用范围的管理规定

为减少持有大量现金而增加的资金成本和资金风险，鼓励企业在交易时通过银行结算。企业在收支各种款项时必须按照国家颁发的现金管理制度和结算制度的规定办理，并须经有关主管人员认可批准。做到在规定的范围内使用现金，对采购、出纳、记账等职能进行分工，健全付款手续并加强现金支出和相关会计记录的监管。我国《现金管理暂行条例》规定，企业可以使用现金结算的范围包括：职工工资、津贴；个人劳务报酬；根据国家规定颁发给个人的科学技术、文化艺术、体育等各种奖金；各种劳保、福利费用以及国家规定的对个人的其他支出；向个人收购农副产品和其他物资的价款；出差人员必须随身携带的差旅费；结算起点以下的零星支出；中国人民银行确定需要支付现金的其他支出。其中现金结算起点定为 1000 元。

属于上述现金结算范围内的，企业可以提取现金进行支付；现金结算范围外的则一律通过银行结算转账支付。

2. 库存现金收支的管理规定

根据我国关于现金管理的相关规定，现金经手和现金记录职能分开并使其职责分明，同时对职责分开情况、职责履行情况等加强监管。企业办理现金收支业务时，应该遵循如下规定：

企业现金收入应当于当日送存开户银行。当日送存开户银行有困难的，由开户银行确定送存时间；

企业支付现金，可以从本单位库存现金限额中支付或者从开户银行提取，不得从本单位现金收入中直接支付（即坐支）。因特殊情况需要坐支现金的，应当事先报经开户银行审查批准，由开户银行核定坐支范围和限额。坐支单位应当定期向开户银行报送坐支金额和使用范围；

> **知识链接**
>
> 坐支现金是指企业将其业务收入的现金不按规定送存银行，而是直接用于支付业务支出的行为。

企业从开户银行提取现金，应当写明用途，由本单位财会部门负责人签字盖章，经开户银行审核后，予以支付现金。

因采购地点不固定，交通不便，生产或者市场急需，抢险救灾以及其他特殊情况必须使用现金的，企业应当向开户银行提出申请，由本单位财会部门负责人签字盖章，经开户银行审核后，予以支付现金。

不准用不符合财务会计制度规定的凭证顶替库存现金，即不准用"白条顶库"；不准私人借用公款；不准挪用现金；不准编造用途套取现金；不准单位之间互相借用现金；不准利用银行账户替其他单位和个人存入或支取现金；不准将单位的现金收入按个人储蓄方式存入银行；不准保留账外公款，不准设置"小金库"等。

银行对于违反以上规定的企业，将按照违规金额的一定比例予以处罚。

> **知识链接**
>
> 白条顶库是一种违反现金管理制度的行为。它是用不合法的便条、白头单据来抵补库存现金。

3. 库存现金限额的管理规定

为了保证企业库存现金的安全和企业必要的零星开支的需要，对库存现金实行限额管理。库存现金限额是指为了保证企业日常零星支出的需要按规定允许留存在企业的现金的最高数额。

开户银行应当根据企业的规模、每日现金实际付出量和距离银行的远近等情况核定库存现金的限额。一般按照企业3天至5天的日常零星开支所需的库存现金进行确定。远离银行或交通不便的企业，银行可以以多于5天，不超过15天的正常开支需要量核定库存现金的限额。库存现金正常开支的需要量不包括企业每月发放工资和不定期差旅费等大额现金支出。

库存现金一经核定，企业必须严格遵守，不得任意超过。企业的库存现金超过限额时应及时送存银行；库存现金低于限额时，可以从银行提取现金，予以补足。

库存现金实行日清日结制度。出纳人员应每天清点结算库存现金，每日库存现金的账面余额应与实存现金相符。若不符，应查明原因并进行处理。

加强库存现金的内部审计。企业内部审计人员应定期或不定期检查或抽查库存现金情况，以确保库存现金的完整安全。

二、库存现金的会计处理

（一）库存现金的序时核算和总分类核算

库存现金的核算包括序时核算和总分类核算。序时核算首先设置现金日记账，出纳人员根据审核无误的现金收款凭证或付款凭证、部分银行存款付款凭证或通用凭证逐日、逐笔顺序登记现金日记账，逐笔或每日结计出账面余额，并与库存现金实存数进行核对。

库存现金的总分类核算通过"库存现金"账户进行。为了避免填制凭证和记账的重复，在实际中，对于从银行提取现金或将现金存入银行，应按照收付款业务涉及的贷方账户填制记账凭证。即从银行提取现金时只填制银行存款付款凭证，作为记入"库存现金"账户借方和"银行存款"账户贷方的依据，不再填制现金收款凭证；将现金存入银行，只填制现金付款凭证，作为记入"银行存款"账户借方和"库存现金"账户贷方的依据，不再填制银行存款收款凭证。

"库存现金"账户是总括反映企业库存现金收支存情况的账户。现金收入增加时记入该账户借方，支出现金时记入该账户贷方。其期末余额在借方，表示企业库存现金的实存数。

登记库存现金总分类账户，可以根据现金收、付款凭证和银行存款付款凭证逐笔进行。但在现金收、付款业务较多的情况下，一般按照现金收、付款凭证的对方账户进行归类，定期编制汇总收、付款凭证，并据以登记库存现金总分类账。

库存现金的会计处理前面相关章节已述，此处不再赘述。

（二）库存现金的清查

为了保证库存现金的安全完整和账实相符，出纳人员对库存现金应做到日清日结，同时企业还须定期或不定期进行库存现金的清查或抽查。现金清查首先是出纳人员应每日清点库存现金，现金日记账每日的账面余额应该与现金实存数核对相符。定期或不定期的现金清查工作是由会计主体组成的清查小组负责的。清查人员应在出纳人员在场时清点现金，核对账实，并根据清查结果填制"现金盘点报告单"，注明实存数和账面余额。如账实不符，出现现金溢缺情况，则要通过"待处理财产损益——待处理流动资产损益"账户进行核算。

"待处理财产损益"账户是用来核算在财产清查中查明的各种财产物资盘盈、盘亏和毁损及其处理情况的一个资产类账户。该账户借方登记待处理财产的盘亏、毁损数以及按照管理权限批准后待处理财产盘盈的转销数；该账户贷方登记待处理财产的盘盈数以及按照管理权限批准后待处理财产的盘亏、毁损的转销数。企业的财产损益，应在查明原因后在期末结账前处理完毕，所以该账户期末应无余额。该账户应按盘盈、盘亏的资产种类，如"待处理流动资产损益"和"待处理固定资产损益"和项目进行明细核算。

1. 库存现金出现溢余。原因未查明前，账务处理如下：

借：库存现金

　　贷：待处理财产损益——待处理流动资产损益

查明原因，如溢余部分属于应支付给相关人员或单位的，记入"其他应付款"账户，账务处理如下：

借：待处理财产损益——待处理流动资产损益

　　贷：其他应付款——应付现金溢余

如溢余原因无法查明，经批准后转为盘盈利得，记入"营业外收入"账户，账务处理如下：

借：待处理财产损益——待处理流动资产损益

　　贷：营业外收入——盘盈利得

2. 库存现金出现短缺。原因未查明前，账务处理如下：

借：待处理财产损益——待处理流动资产损益

　　贷：库存现金

查明原因，如短缺部分属于应由责任人赔偿的，记入"其他应收款"账户或"库存现金"账户，账务处理如下：

借：其他应收款——应收现金短缺款或库存现金

　　贷：待处理财产损益——待处理流动资产损益

如短缺部分属于应由保险公司赔偿的，记入"其他应收款"账户，账务处理如下：

借：其他应收款——应收保险赔款

　　贷：待处理财产损益——待处理流动资产损益

如短缺部分属于无法查明原因的，经批准后作盘亏损失处理，记入"管理费用"账户，账务处理如下：

借：管理费用

　　贷：待处理财产损益——待处理流动资产损益

【业务题】某制药公司对现金进行盘点，发现短缺现金 2,000 元，查明原因后归由责任人赔偿。

财产清查发现现金短缺时，原因查明前，其账务处理如下：

借：待处理财产损益——待处理流动资产损益　　　　2,000

　　贷：库存现金　　　　　　　　　　　　　　　　　　2,000

查明原因后，账务处理如下：

借：其他应收款——应收现金短缺款　　　　　　　　2,000

　　贷：待处理财产损益——待处理流动资产损益　　　　2,000

责任人赔偿时：

借：库存现金　　　　　　　　　　　　2,000
　　贷：其他应收款——应收现金短缺款　　2,000

第二节　银行存款及其会计处理

一、银行存款管理

银行存款是企业存放在银行或其他金融机构的货币资金。

（一）银行存款管理的一般规定

根据银行存款相关管理办法规定，每个独立核算的企业都必须在当地银行开设账户。企业在银行开设账户后，除按核定的限额保留库存现金外，超过限额部分的库存现金必须存入银行；企业经营过程中发生的所有货币收支业务，除规定可以直接使用库存现金支付的款项外，都必须通过银行存款账户进行结算。

（二）银行存款开户管理规定

企业可以开设基本存款账户、一般存款账户、临时存款账户和专用存款账户。基本存款账户是指企业办理日常转账结算和现金收付业务的账户。企业的工资、奖金等现金的支取只能通过该账户办理；一般存款账户是指基本存款账户以外的银行借款转存、与基本存款账户的企业不在同一地点的附属非独立核算企业开立的账户，企业可以通过该账户办理转账结算和现金缴存，但不能办理现金支取；临时存款账户是指企业因临时经营活动的需要而开立的账户。如为外地临时机构、临时经营活动需要开立。该账户既可以办理转账结算，又可以根据现金管理规定收支现金；专用存款账户是指企业因特定用途需要开立的账户。如为基本建设资金、更新改造资金、有特定用途，需要专户管理的资金开立的。

一个企业只能选择一家银行的一个营业机构开立一个基本存款账户，不得在多家银行机构开立基本存款账户；不得在同一银行的多个分支机构开立一般存款账户。

（三）银行结算管理规定

根据我国现行《支付结算办法》规定，企业和银行办理支付结算时应遵循的原则是恪守信用，履约付款；谁的钱进谁的账，由谁支配；银行不垫款等。企业和个人办理支付结算，不准签发没有资金保证的票据和远期支票，套取银行信用；不准签发、取得和转让没有真实交易和债权债务的票据，套取银行和他人资金；不准无理拒绝付款，任意占用他人资金；不准违反规定开立和使用账户等。

二、银行存款的会计处理

（一）银行存款的序时核算和总分类核算

银行存款的核算包括序时核算和总分类核算。银行存款的序时核算首先要设置银行存款日记账，再由出纳人员根据审核无误的银行存款收款或付款凭证、部分现金付款凭证或通用凭证逐日、逐笔顺序登记银行存款日记账，并且逐笔或每日结出银行存款日记账的账面余额。

银行存款日记账是核算和监督银行日常收支结算情况的序时账簿。通过银行存款日记账可以全面、连续地掌握企业每日银行存款的收支和余额情况，为日常检查、分析企业银行存款的收支活动提供依据。

银行存款总分类核算是通过"银行存款"账户进行的。"银行存款"账户是总括反映企业银行存款增减变化及其余额情况的一个资产类账户。银行存款增加记在该账户借方，银行存款减少记在该账户贷方。其期末余额在借方，表示企业银行存款的实存数。企业存入银行以及其他金融机构的各种存款都在该账户核算。企业外阜存款、银行本票存款及银行汇票存款等则不在该账户核算。"银行存款"账户可以根据收付款凭证进行登记。但在实际当中，为减少登记的工作量是将收付款凭证按照对方账户进行归类，定期（10 天或半月）编制汇总收付款凭证，再据以登记银行存款总分类账的。对银行存款核算的内容前面相关章节已述，此处不再赘述。

（二）银行存款的核对及其处理

银行存款是企业存放在银行的重要的流动资产。企业与银行之间的账务往来频繁，双方都有可能发生差错，而且还存在收付款凭证在企业和银行之间传递的时间差等问题，因此企业需要经常与其开户银行核对银行存款记录，以保证企业资金的安全。

企业与银行应至少每月核对一次银行存款记录。核对之前企业应检查银行存款日记账的正确性与完整性。具体的核对方法是企业将银行存款日记账与银行送来的对账单逐笔进行核对，以查明银行存款的收入、支付金额及余额是否正确、相符。造成企业银行存款日记账与银行送来的对账单不一致的原因有二，一是企业和银行一方或双方记账出现差错，如错记或漏记等；二是未达账项的存在。未达账项是指企业与银行之间由于收付款结算凭证传递的时间的不一致，造成一方已记账而另一方因尚未收到有关凭证尚未记账的款项。造成未达账项存在的主要原因有四：

1. 企业送存银行的款项，企业已记账、作银行存款增加，但银行尚未收到款项、尚未记账；

2. 企业开出支票，用银行存款支付，企业已记账、作银行存款减少，但银行尚未收到凭证，尚未支付款项、尚未记账；

3. 银行代企业收进款项，银行已记账，作企业银行存款增加，但企业尚未收到凭证、尚未收到款项、尚未记账；

4. 银行代企业支付款项，银行已记账，作企业银行存款减少，但企业尚未收到凭证，尚未支付款项、尚未记账。

对于属于本企业造成的银行存款记账差错，应该马上进行更正。对于属于银行造成的银行存款记账差错，应及时与银行协调解决；对于核对后发现的未达账项，应编制"银行存款余额调节表"，双方分别补记未记的账项金额后，再验证调节后的余额是否相等。如相等则表明双方记账均正确，否则，应查明原因，并予以更正。

【业务题】假设某制药公司银行存款日记账的月末余额为 1,200,000 元，银行对账单余额为 1,240,000 元，经逐笔核对，发现未达账项有：

1. 银行代该公司收到的销货款 80,000 元，银行已记，公司未记。
2. 银行代该公司支付水电费 30,000 元，银行已记，公司未记。
3. 公司收到转账支票 20,000 元，送存银行。公司已记，银行未记。
4. 公司开出转账支票 10,000 元。公司已记，银行未记。

根据上面资料编制"银行存款余额调节表"，如下表 8－1 所示：

表 8－1　　　　　　　　　　　　银行存款余额调节表

20×× 年 × 月 × 日

银行对账单	金额	银行存款日记账	金额
银行对账单余额	1,240,000	银行存款日记账余额	1,200,000
加：公司已收，银行未收	20,000	加：银行已收，公司未收	80,000
减：公司已付，银行未付	10,000	减：银行已付，公司未付	30,000
调节后银行存款余额	1,250,000	调节后银行存款余额	1,250,000

对于未达账项，不需要依据上表作任何处理，企业和银行双方账面仍应保持原有余额，待到收到有关凭证，再作正常处理。

第三节　银行结算方式及其会计处理

一、银行结算方式

根据我国现行《支付结算办法》和《现金管理暂行条例》等规定，企业结算业务，除少量可以使用现金进行结算外，大部分都要通过银行办理转账结算，即通过银行将收付的款项，从付款单位账户划转到收款单位账户。银行结算方式包括支票结算、银行汇票结算、银行本票结算、商业汇票结算、汇兑结算、委托收款结算、托收承付结算等。

（一）支票结算

支票是单位或个人签发的，委托办理支票存款业务的银行，在见票时无条件支付确定金额给收款人或持票人的票据。支票分为现金支票、转账支票和普通支票。支票上印有"现金"字样的为现金支票。现金支票可以用于支取现金；支票上印有"转账"字样的为转账支票。转账支票只能用于转账，不能用于支取现金；普通支票上未印"现金"或"转账"字样，它既可以用于支取现金，又可以用于转账。在普通支票左上角划有两条平行线的为划线支票，划线支票只能用于转账，不能用于支取现金。

支票结算适用于同城结算。支票由银行统一印制。支票提示的付款期限为自出票日起 10 日内，中国人民银行另行规定的除外。支票超过提示付款期限的，持票人开户银行则不予受理，付款人不予付款。转账支票还可以根据需要在票据交换区域内背书转让。

企业收取转账支票时，为防止支票造假或空头，需要持票人出示有效证件并与出票单位进行核实。一般还采取先收取支票，待款项实际入账后再交付货物的办法办理。出纳人员收取支票后应及时送存银行，并根据银行进账单编制记账凭证或送交会计人员编制记账凭证，及时登记银行存款日记账。

企业用银行存款支付，签发银行转账支票时，应注意银行转账支票的签发和印签的加盖应分别由不同的会计人员办理；支票的签发必须按照顺序号进行，收款单位、签发日期、款项用途、金额的大小写等各要素均应正确填写，并使用蓝黑墨水或碳素墨水填写；财务人员签发支票前应该核对银行存款账面余额，不得签发空头支票和远期支票。转账支票结算流程如图 8-1 所示。

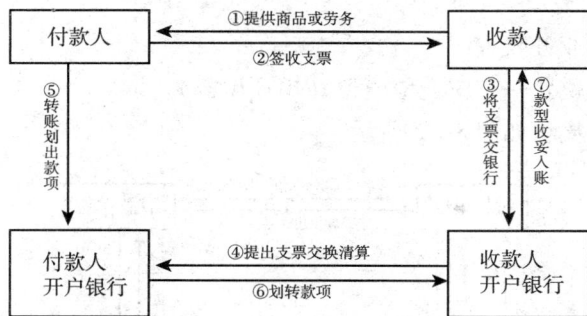

图 8-1　支票结算流程图

支票结算的会计处理此处不再赘述。

（二）银行汇票结算

银行汇票是汇款人将款项缴存当地出票银行，由出票银行签发、并由其在见票时按照实际结算金额无条件支付给收款人或持票人款项的票据。

第八章

货币资金及票据管理

银行汇票为记名票据，是目前异地结算中比较广泛采用的结算方式。单位和个人各种款项的结算，均可使用银行汇票。银行汇票的汇款金额起点为 500 元。银行汇票填入"现金"字样的可以用于支取现金，也可以用于转账。银行汇票的付款期限为出票日起 1 月内。超过付款期限提示付款不能获得付款的，持票人须在票据权限时效内，向出票银行做出说明，并提供本人身份证件或单位证明，持银行汇票和解讫通知向出票银行请求付款。

银行汇票使用灵活，持票人可以将汇票转让给收款单位，凭票购货，余款还可自动退回；也可通过银行办理多次支付或转汇；还可在兑付行办理现金支取，避免长途携带现金。

企业向银行办理银行汇票，存入款项时，账务处理如下：

借：其他货币资金——银行汇票

　　贷：银行存款

企业采购并用银行汇票支付时，账务处理如下：

借：在途物资

　　应交税金——应交增值税（进项税额）

　　贷：其他货币资金——银行汇票

企业采购支付完毕，应转销"其他货币资金——银行汇票"账户。如用银行汇票支付完毕还有余款，则根据出票行转来的汇票多余款收账通知（第四联）进行转销；汇票超期等被退回亦要进行转销，两者作账务处理如下：

借：银行存款

　　贷：其他货币资金——银行汇票

企业在销售时收到购货单位的银行汇票时，账务处理如下：

借：银行存款

　　贷：主营业务收入

　　应交税费——应交增值税（销项税额）

银行汇票结算流程如图 8-2 所示。

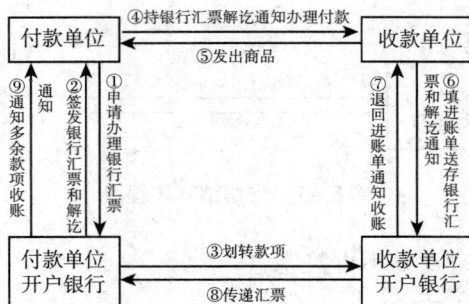

图 8-2　银行汇票结算流程图

（三）银行本票结算

银行本票是申请人将款项交存银行，由银行签发，并承诺其在见票时无条件支付确定金额给收款人或持票人的票据。

银行本票为记名票据。单位、个人之间在同城范围内的所有商品交易、劳务供应以及其他款项的结算都可以使用银行本票。企业采用银行本票结算时，应向银行填写"银行本票申请书"，填清收款单位名称后交签发银行，如需支取现金，应填写"现金"字样。银行受理银行本票申请书并收妥款项后，签发银行本票并加盖印章。

银行本票可以背书转让。银行本票的付款期限为 2 个月，在付款期限内银行见票即付。银行本票不能挂失，不定额的银行本票遗失后，在付款期满后 1 个月，确认未被冒领后银行可以办理退款手续。

企业向银行提交"银行本票申请书"，将款项交存银行，取得银行本票时，账务处理如下：

借：其他货币资金——银行本票
　　贷：银行存款

企业用银行本票支付款项时：

借：在途物资
　　应交税费——应交增值税（进项税额）
　　贷：其他货币资金——银行本票

如果银行本票超过付款期限要求银行退款时，应填写银行进账单一式两联，连同银行本票送交银行，办理退款手续。企业根据银行收回本票时盖章退回的进账单的第一联，作如下账务处理：

借：银行存款
　　贷：其他货币资金——银行本票

企业销售货物收到购货单位送来的银行本票，应将银行本票连同进账单办理转账收款手续。账务处理如下：

借：银行存款
　　贷：主营业务收入
　　　　应交税费——应交增值税（销项税额）

银行本票结算流程如图 8 - 3 所示。

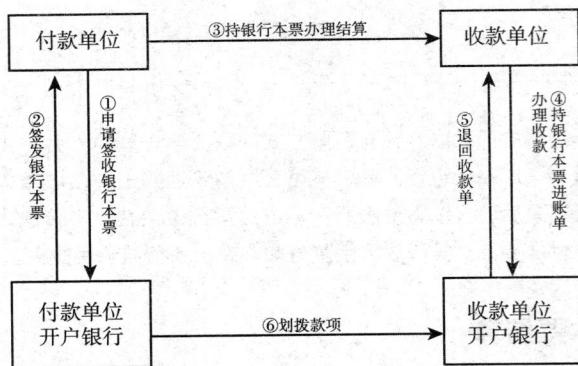

图 8-3　银行本票结算流程图

（四）商业汇票结算

商业汇票是收款人持有的，由收款人或付款人（或承兑申请人）签发的，由承兑人承兑，并在票据到期日向收款人或背书人按照票面金额付款的书面证明。

商业汇票为记名票据，可以用于同城结算，也可用于异地结算。该结算方式适用于企业先发货、后收款，或者是双方约定延期付款的商品交易，是一种延期付款的结算方式，承兑期最长不超过 6 个月。商业汇票的持票人若需用款，可以向银行申请贴现或者背书转让。商业汇票经承兑后，承兑人对承兑的汇票负有到期无条件支付票款的责任。商业汇票对于购货单位来说，具有延期付款的特点，可以在资金暂时不足的情况下及时购进材料物资，保证生产的顺利进行；购货单位在汇票到期日前，应加强资金管理，调度好资金，将票款及时送存银行，保证汇票按期支付。对于销货单位来说，企业虽未及时收到货款，但实现了销售，促进了生产。汇票经过承兑，可以按期收回货款，防止拖欠款项，同时企业在需用资金时，还可以向银行申请贴现，以融通资金，比较灵活。

商业汇票按照承兑人不同可以分为商业承兑汇票和银行承兑汇票。销货单位可以根据购货单位的资金和信用情况不同选用不同的承兑汇票。

1. 商业承兑汇票

商业承兑汇票是由银行以外的付款人承兑。商业承兑汇票按照交易双方约定，可由销货单位或购货单位签发，但由购货单位承兑。

商业承兑汇票承兑时，购货单位应在汇票正面记载"承兑"字样和承兑日期并签章。承兑不得附有条件，否则视为拒绝承兑。商业承兑汇票到期时，购货单位的开户行凭票将票款划给销货单位或贴现银行。

销货单位应在提示付款期限（自汇票到期日起 10 日）内通过开户行委托收款或直接向付款人提示付款。对于异地委托收款的，销货单位可以匡算邮程，提前通过开户行委托收款。

如商业承兑汇票到期，购货单位的存款不足以支付票款，开户行将汇票退还销货单位，银行不负责付款，由购销双方自行处理。同时，银行将对付款人按照签发空头支票的有关罚款规定，按票面金额的 5% 但不低于 1000 元处以罚金。商业承兑汇票结算流程如图 8-4 所示。

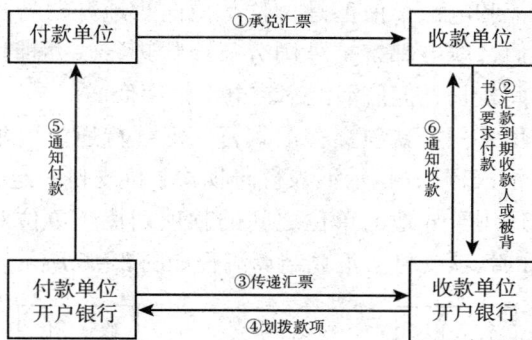

图 8-4　商业承兑汇票结算流程图

2. 银行承兑汇票

银行承兑汇票是由在承兑行开立存款账户的存款人签发，由银行承兑的汇票。

购货单位应于汇票到期前将票款足额交存其开户行，以备承兑行在汇票到期日或到期日后见票当日支付票款。销货单位应在汇票到期时将汇票连同进账单送交开户行以便转账收款，承兑行凭汇票将承兑款项无条件转付给销货单位。若购货单位于汇票到期日未能足额交存票款，承兑行除凭票向持票人无条件付款外，对出票人尚未支付的汇票金额按照每天万分之五收取罚息。银行承兑汇票结算流程如图 8-5 所示。

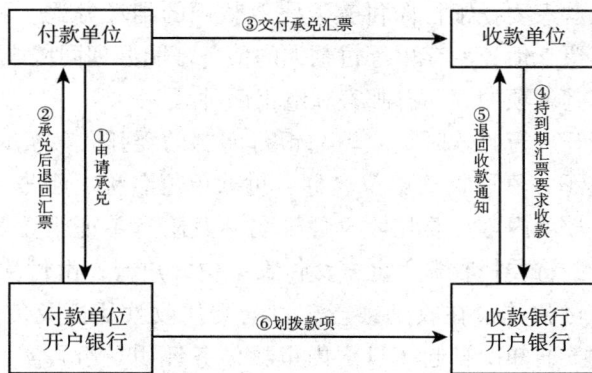

图 8-5　银行承兑汇票结算流程图

商业汇票结算的会计处理前已述，此处不再赘述。

（五）汇兑结算

汇兑结算是付款单位委托银行将款项汇往外地收款单位或个人的结算方式。付款单位采用此结算方式汇出款项时，须填写银行印制的汇款凭证，上书收款单位名称、汇款金额、汇款用途等项目，送达开户行，委托开户行将款项汇往收款单位的开户行。收款单位的开户行将款项收进收款单位的存款户后，转送汇款凭证联通知收款单位收款。

汇兑结算分为信汇和电汇。信汇是付款单位向当地开户行送存本国货币，由银行开具付款委托书，通过航空邮寄交外国分行或代理行，办理付出外汇业务。采用该方式邮程需要的时间较长、但信汇汇率较电汇汇率低。

电汇则是付款单位将一定款项交存汇款行，汇款行通过电报或电传方式传递目的地分行或代理行（汇入行），指示汇入行向收款单位支付一定金额款项的一种汇款方式。汇兑结算方式适用于异地的单位之间的款项划拨、单位对异地个人的款项支付、个人对异地单位的款项支付。汇兑结算流程如图 8 - 6 所示。

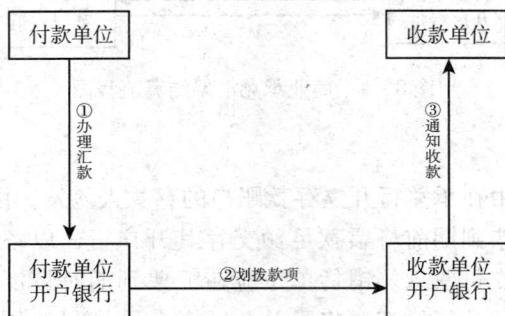

图 8 - 6　汇兑结算流程图

（六）委托收款结算

委托收款是收款人委托银行向付款人收取款项的结算方式。单位或个人都可凭借已承兑的商业汇票、债券、存单等付款人的债务证明办理同城或异地的款项收取。

委托收款结算其款项的划回有邮寄和电报两种。

收款单位委托开户行收款时，应填写银行印制的委托收款凭证和有关的债务证明。在委托收款凭证上填写收款单位名称、付款单位名称、账号、开户行、委托收款金额的大小写、款项内容、委托收款凭证名称及附寄单证张数等。收款单位开户行受理委托收款后，将委托收款凭证寄交付款单位开户行，由付款单位开户行审核，并通知付款单位。付款单位在收到银行交付的委托收款凭证及负债证明时应签收，并应在收到委托收款通知次日起 3 日之内审核债务证明是否真实，是否为本单位债务，确认后主动通知银行付款。如果在上述限定时间内不通知银行付款，银行视同企业同意付款并在第 4 日，从付款单位账户付出该笔委托收款款项。付款单位在 3 日内审核债务证明后认为债务证明或有关事项符合拒绝付款的规定，应出具拒绝付款理由书、委托收款凭证第五联及持有的债务证明，向银行提出拒绝付款。委托收款结算流程图与托收承付结算流程图相似如图 8 - 7 所示。

（七）托收承付结算

托收承付是根据购销合同，由收款单位发货后委托银行向异地付款单位收取款项，由付款单位承认付款的结算方式。使用托收承付结算方式的双方收款单位和付款单位，必须是国有企业、供销合作社及经营管理较好经开户行审核同意的城乡集体所有制工业企业。

托收承付结算方式适用于签订合同的商品交易和劳务供应的款项结算。该结算方式可以促进收款单位（销货单位）按照合同规定发货，付款单位（购货单位）按照合同规定付款，有利于维护购销双方的正当权益。托收承付结算的每笔金额起点为 10,000 元。

托收承付结算包括托收和承付两个阶段。托收是收款单位（销货单位）委托开户行收取结算款项的行为。托收时，收款单位根据经济合同发货，取得发运凭证后，填制一式数联的托收承付结算凭证，连同销货发票、托运单及代垫运费等单据一并送交开户行办理托收手续。承付是付款单位（购货单位）在承付期内，向银行承认付款的行为。承付时，付款单位开户行将托收承付结算凭证及所附其他单证送交付款单位通知其承付货款。付款单位根据经济合同核对相关单证或验货后，在规定的承付期内，向银行承认付款，银行则据以划转款项。付款单位承付货款有验单承付和验货承付之分。验单承付是根据银行转来的托收承付结算凭证及所附其他单证，与经济合同核对无误后，承付货款。验货承付则是在收到收款单位的货物，验收无误后，再承付货款。验单承付和验货承付均有规定的承付期限。验单承付期限为 3 日，从付款单位开户行发出承付通知次日起算。在承付期内付款单位未向银行表示拒绝承付，银行即视为默认承付，于期满次日由付款单位账户将货款划转。验货承付期限为 10 日，从付款单位开户行发出承付通知次日起算。在承付期内付款单位若既未将提货通知送交银行，又未将货物尚未到达的情况告知银行，银行即视为付款单位已验货并同意付款，银行于 10 日期满的次日由付款单位的账户将货款划转，以防止付款单位有意拖延付款。

在承付期满时，若付款单位资金不足，不足支付的资金作延期付款处理，需支付一定的赔偿金。若付款单位在验单或验货时发现收款单位托收款项计算有误，或货物品种、质量、规格、数量与合同不符时，付款单位在承付期内有权全部或部分拒付货款。拒付货款需要填写"拒付理由书"交银行办理。托收承付结算流程如图 8-7 所示。

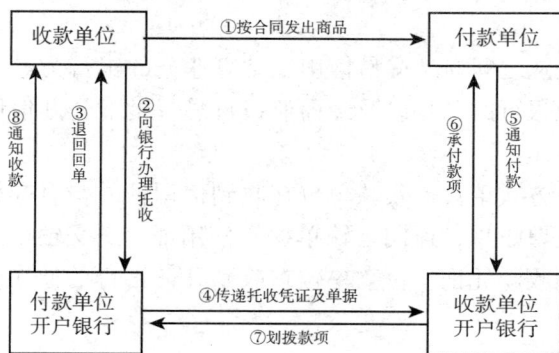

图 8-7　托收承付结算流程图

第八章

货币资金及票据管理

171

（八）信用卡

信用卡是商业银行向单位和个人发行的，凭以向特约单位购物、消费和向银行存取现金，且具有消费信用的特制载体卡片。

信用卡可分为单位卡和个人卡。凡在中国境内金融机构开立基本存款账户的单位可以申领单位卡。单位或个人申领信用卡应填制申请表，连同有关资料一并送交银行。符合条件的单位并按银行要求交存一定金额备用金后，银行为申领人开立信用卡存款户，并发给信用卡。单位卡可以申领若干张，持卡人资格由申领单位法定代表人或其委托的代理人书面指定和注销，持卡人不得出租或转借信用卡。单位卡资金存入或资金续存一律从基本存款账户转入，不得交存现金，不得将销货收入的资金存入单位卡账户。单位卡一律不得用于 10 万元以上的商品交易、劳务供应款项的结算，不得支取现金。

信用卡在规定的限额和期限内允许善意透支。最长透支期限为 60 天。透支利息自签单日或银行记账日起 15 日内按日息万分之五计，超过 15 日按日息万分之十计，超过 30 日或透支金额超过规定限额的按日息万分之十五计。透支按照最后期限或最高透支额的最高利息档计算利息，不分段计息。信用卡超过规定限额或规定期限，并经发卡行催收无效的透支行为为恶意透支。持卡人使用信用卡不得发生恶意透支。

信用卡对非现金交易，从银行记账日起到到期还款日止为免息还款期。在到期还款日前还清当期账单上的本期应还金额（总欠款金额），则不需要支付任何非现金交易由银行代垫的资金利息（预借现金不享受免息优惠）。

（九）信用证

信用证是开证银行应申请人要求并按其指示向第三方开立载有一定金额、在一定期限内凭符合规定的单据付款的书面保证文件。

在国际贸易中，买卖双方可能互不信任。买方担心预付款后，卖方不按合同要求发货；卖方则担心在发货或提交货运单据后买方不付款。因此需要两家银行作为买卖双方的保证人，代为收款交单，以银行信用代替商业信用。银行在这一活动中使用的信用证就是有条件保证付款的证书，它是国际贸易结算中的一种最主要、最常用的结算方式。

可以办理国内企业之间商品交易信用证结算业务的银行为经中国人民银行批准经营结算业务的商业银行的总行以及经商业银行总行批准开办信用证结算业务的分支机构。

采用信用证结算方式结算，收款单位在收到信用证并与合同核对无误后，须备货装运，填列有关发票账单，连同运输单据及信用证，送交银行。并根据退回的信用证等相关凭证编制收款凭证。付款单位在收到开证银行的通知时，根据付款相关单据编制付款凭证。

本章小结

本章介绍了库存现金管理规定及其会计核算的方法；银行存款的管理规定及其会计核算的方法；银行结算方式及其核算方法。

思考题

1. 为什么要规定库存现金的使用范围？

2. 为什么要将银行存款和银行对账单进行核对？

3. 若采用非库存现金结算时，企业应如何选择银行结算方式？

本章参考文献

[1] 高程德. 国际票据管理 [M]. 北京：北京大学出版社，2003：54 – 55，196 – 199，218 – 229.

[2] 贝洪俊、白玉华、张洪君. 中级财务会计教程与案例 [M]. 浙江：浙江大学出版社，2011：41 – 46.

[3] 杨有红，欧阳爱平. 中级财务会计 [M]. 北京：北京大学出版社，2009：26 – 33.